Pius Detterbeck

Advent, Advent
Mundartgedichte und Geschichten zur Weihnachtszeit

herausgegeben von
Franziska, Roland und Wolfgang Detterbeck

Pius Detterbeck

Advent, Advent

Mundartgedichte und Geschichten zur Weihnachtszeit

SüdOst Verlag

Bibliografische Information der Deutschen Nationalbibliothek

Die Deutsche Nationalbibliothek verzeichnet diese Publikation in der Deutschen Nationalbibliografie; detaillierte bibliografische Daten sind im Internet über http://dnb.dnb.de abrufbar.
ISBN 978-3-95587-823-8

Für uns, die Battenberg Gietl Verlag GmbH mit all ihren Imprint-Verlagen, ist Nachhaltigkeit ein wichtiger Teil unserer Unternehmensphilosophie. Daher achten wir bei allen unseren Produkten auf den Einsatz umweltschonender Ressourcen und Materialien.
Dieses Buch wurde auf FSC®-zertifiziertem Papier gedruckt. FSC (Forest Stewardship Council®) ist eine nicht staatliche, gemeinnützige Organisation, die sich für die verantwortungsvolle und ökologische Nutzung der Wälder unserer Erde einsetzt.

Unsere Partnerdruckerei kann zudem für den gesamten Herstellungsprozess nachfolgende Zertifikate vorweisen:
- Zertifizierung für FOGRA PSO
- Zertifizierungssystem FSC®
- Leitlinien zur klimaneutralen Produktion (Carbon Footprint)
- Zertifizierung EcoVadis (die Methodik besteht aus 21 Kriterien in den Bereichen Umwelt, Einhaltung menschlicher Rechte und Ethik)
- Zertifikat zum Energieverbrauch aus 100 % erneuerbaren Quellen
- Teilnahme am Projekt „Grünes Unternehmen" zum Schutz von Naturressourcen und der menschlichen Gesundheit

Titelabbildung: stock.adobe.com/Visions-AD
Abbildungen im Innenteil: www.freepik.com

1. Auflage 2023
ISBN 978-3-95587-823-8

www.battenberg-gietl.de

INHALTSVERZEICHNIS

VO'ZEIHA

Wenn de d'Liab aitzt b'sonders druckt,
und en dei Herz eine geht,
dann mach's weit af,
es is no net z'spät.

Lass dei Herzerl woana und lacha,
und gib an jed'n d'Händ,
aitz en da Weihnachtszeit vo'zeiha,
wann de d'Liab a so brennt.

Und glei wirst wieda z'fried'n sa,
des Glück en dir g'spür'n,
des oft so dünn is,
grod wia ra Zwirn.

ZU WEIHNACHT'N

Wos is heut no a Apf'l,
eine beiß'n und wegwerfa.
Wos is heut no a Nuss,
da Wohlstand, all's hab'm,
des is heut a Vo'druss.

Mir wiss'n nimma wos ma ess'n soll'n,
werfa oft wos en Müll,
andane müass'n vo'hungern,
des is doch koa Ziel.

Mir kafa a neu's G'wand,
werfas en an Jahr wieda weg
und behand'ln oft Schwache,
grod wia ran Dreg.

Wo is heut no da Glaube,
zua Liab, zum Kind'l, zu Gott,
wo san heut de inneren Werte,
mir san doch bloß no in Not.

Dabei war doch all's so einfach,
mehr Liab, mehr Z'fried'nheit, mehr geb'm
und a biss'l wos glaub'm,
grod en da Weihnachtszeit kannt's g'schehng.

WIA BIST DU

Gell,
bist a oane vo dene,
de viel kafa,
ko'st as fast nimma dalafa.

Moanst, du muasst mit G'schenka all's guad macha,
wo'st s'ganze Jahr vo'dorb'm,
doch da Reichtum vo'geht,
und z'schnell wird g'storb'm.

Mit Geld ko'st nix guad macha,
mit'n Herz scho und da Liab,
und mit a biss'l an Glaub'm
is net so trüab.

Doch wou soll des all's herkumma,
net vo Reichtum und Glanz,
bestimmt aba vo da Armut,
oder wennst a'mol krank.

Man muass eb'm s'Glück hab'm,
dass ma des all's dafoahrt,
na is s'Leb'm sche,
und g'wiss a koa Schmarr'n.

WEIHNACHTSG'SCHENKA

»Du, Hans, woaßt du, wos't heua für deine Kinda z'Weihnacht'n all's kaft host? ,« moant sei Resl. »Ja scho, da Hansl hod an neua Computa griagt, natürlich den best'n wos gibt und an Videorecorder. S'Reserl an neua Laptop und an Xaver, des woaßt a, ho i a neus Auto kaft, des ko a am Montag glei zualass'n. Naja, du host de goldene Halskett'n und dein schöna Brillantring griagt und i, des woaßt a, i fliag en 2. Januar nach Thailand, woaßt a, wecha da Wärm, und meina Bandscheib'm«.

»Ja, ja,« moants, »daweil ko i na dei z'riss'ne Unterwäsch und deine Sock'n flicka, denn für so ebs langt bei uns koa Jahr.«

NIKOLAUS

Geheimnisvoll war für uns Kinda no da Nikolaus,
denn er war no echt,
de Rut'n, de Kett'n, des Scheppan
und des G'wand vom Rupprecht.

Und wia der na g'red't und g'schimpft hod,
und all's über uns g'wisst,
der hod ja echt sa müass'n,
weil a ja vom Himm'l abakumma is.

Und na da heilige Nikolaus,
mit seim rout'n G'wand,
mit sei'm langa Bart
und an Sack en da recht'n Hand.

Den er na ausg'schütt hod,
am Bod'n vor unsane Aug'n,
do hod a g'sagt nehmt's es,
dat's es eng zammaklaub'm.

Na hab'm ma all's ehrlich dal'n müass'n,
de Hutz'lzwetschg'n, d' Äpf'l und d' Nüss,
denn sonst hod's ja damals nix geb'm,
glaub' ma's, es is g'wiss.

WO SOLL DES NO HI'FÜHR'N

Wennst aitzt en November durch de G'schäfta gehst, na sehgst, dass de hastige Zeit o'ganga is. D'Natur wird staad und da Mensch rump'lt umananda, dass a seine Weihnachtsg'schenka zambringt. All's wos vorig's Jahr übrig blieb'm is und viel Neu's wandert af de Vo'kaufstisch. Es gibt viel schöne Sach'n aba ra viel Grusch, wichtig is, dass all's g'kaft wird. So mancher lurt no'mol en Geldbeut'l eine, obs für des oane oder andere no langt. Es wird heut soviel Zeug o'bot'n, dass ma scho nimma woaß, wos ma überhaupt kafa soll. Wenns na hoamfahr'n, schlepp'ns Tasch'n, Rog'ln und Pack'l mit und s'Jahr d'raf is kaputt, scho wegg'worfa oder es wird einfach nimma o'g'schaut, weil's scho wieda wos Neu's gibt. So is des heut en unsara Wohlstand's und Wegwerfg'sellschaft. Meistens bleibt d'Liab und die Z'fried'nheit af da Streck. Schad is, dass ma des heimliche und ruhige Fest nimma feiern ko, wo s'Brauchtum no a große Rolle g'spielt hod und de Kindaherz'n no heimlich afs Christkindl g'lurt und voller Freud d'raf g'wart hab'm, denn s'Christkindl war echt.

MUTTERLIEBE

»Du Muatta«, sagt da Xaverl, »wos gibt'sn heut af d'Nacht, wenn s'Christkind kummt, zum Ess'n?« »Net viel«, moant's, »d'Bäuerin ent hod ma drei Kartoff'ln geb'm, obwohls scho selber koane mehr hod und do gibts heut af d'Nacht oan, morg'n und übermorg'n«. »Naja Mama, na iss i halt an Viertlt'n und du, weilst scho grouß bist an Dreiviertlt'n«. »Na Xaverl, du isst an Dreiviertlt'n, weilst no wachs'n muasst und i iss an Viertlt'n.«

So is a g'schehng und sie hod halt no heimle d'Erdäpflschäler mit gess'n, weils halt en da schlecht'n Zeit net mehr g'habt hab'm.

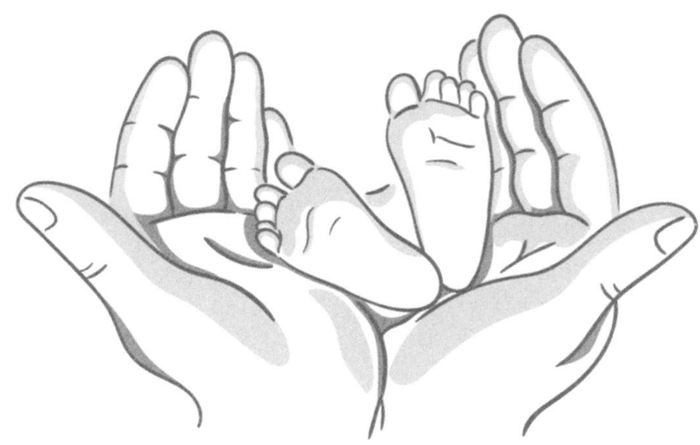

ALT WERD'N

»Geh Xaver, geh halt ume und hol heut am heilig'n Abend s'alte Reserl uma«. »I mog net, du woaßt a, dass i des net mog, abl de alt'n Leut im Haus hab'm, i mog des einfach net und aitzt will i nix mehr hör'n davo.« Naja, sei Frau war na staad und hod nix mehr g'sagt. Sie hat halt bloß g'moant, dass s'Muatterl heut am heilig'n Abend net so a'loa is. »Naja«, brumm'lts na nache, »vielleicht wirst a ra mol alt und host nermad«. Wias na soweit is, geht's selber ume und holt's. Wias mit ihr en de warme Stub'm ei'geht, sagt da Xaver goanix. Sche feierns mitanand und wias na wied'a fort is, moant a, »so ko mas a macha, es Weiba dat's doch wos wollt's, drum is bessa ma sagt nix.«

KOA GELD

Wos,
du host koa Geld,
dass't deina Muatta z'Weihnacht'n ebs kafst,
moanst, dass desweg'n d'Welt untageht.
Gib ihr am Heilig'n Abend a Buss'l
oder
druck's a biss'l,
oder streichlt's,
oder schenk ihr a guads Wort,
moanst, dass des net mehr Wert is,
als deine G'schenka.
Woaßt,
mit da Liab b'schenkt ma s'Herz
und d'Seel
und des ko ma mit Geld net bezahl'n.

ADVENT, ADVENT

Vier Kerz'n brenna,
s'Wachs la'ft übern Kranz,
d'Winterwende is do,
da Dog wird wieda lang.

Vier Kerz'n brenna,
de Dog werd'n wieda hell,
d'Nacht wird abl kürza,
des geht aitzt recht schnell.

Vier Kerz'n brenna,
a' Kindl wird gebor'n,
s'Leb'm geht weida,
mir san net vo'lor'n.

Vier Kerz'n macha Liacht
am viert'n Advent,
sie künd'n Christi Geburt o,
weil's goa so hell brennt.

VIER KERZ'N BRENNA

Vier Kerz'n brenna,
sie werd'n abl wenga,
wia ra de Dog,
vo'bei is de Plog.

Vo'bei is de Hetz,
vo'bei is de Hast,
des Eikafa, des Rump'ln,
fast ohne Rast.

Wou is do no a Sinn,
vo dem Wohlstandsleb'm,
d'Leut woll'n abl mehr,
dabei da'n ma abl wenga sehng.

Vielleicht wachst da Glaube,
an des himmlische Kind,
des für uns af d'Welt kumma is,
denn so war's bestimmt.

D'Händ geb'm und vo'zeiha,
Schuld vo'geb'm,
wia's s'Kindl g'macht hod,
des is a Seg'n.

DER NIKOLAUS

Wia unheimlich de Zeit is,
umra fünfe is scho Nacht,
dabei hod a no net a'mol,
s'Fuada en Stall umebracht.

Mit da Latern muass a arban,
wou en Somma d'Sonna no lacht,
doch heut kummt da Niglo,
der a recht a Gaudi macht.

Da heilige Niglo und da Knecht Rupprecht,
ziang vo Haus zu Haus,
sie scheppan mit de Kett'n
und treib'm so manch'n raus.

Wer soll se do no außetraua,
en de unheimliche Nacht,
wos überall scheppert
und überall kracht.

Mir Kinda stehna an de g'frorna Fensta,
und drucka d'Nas'n an d'Scheib'm,
do schau'n ma zum Loch auße,
af des unheimliche Treib'm.

Und wenn's na alle do san,
mit Scheppern und Kett'ngeklirr,
na la'ft's uns eiskalt en Bug'l obe,
doch mir kenna nix dafür.
Zittan dan uns d'Knia
und d'Stimm hod's uns vo'schlog'n,
do soll'n ma an Niglo a no,
d'Gedicht'l af'sog'n.

Doch endlich ziang's na weida,
vo'lass'n unsa Haus.
So wia da Spuk o'g'fangt hod,
war a wieda aus.

ZWOA OAME LEUT

Mo, schau a'mol auße,
do hod wer an d'Tür oneg'schlog'n,
wer is'n draußt, do no unterwegs,
en dera kalt'n Nacht.

Zwoa oame Leut,
an Schutz suach ma,
vo dera Kält,
a Wärm für's Herz,
des uns so quält.

Nix do,
geht's weida,
es Bett'lleut,
suacht's eng wos anders,
für enga Leid.

Na kimm,
na gehng ma weida
und klopf ma wou anderst o.

Ja, wer schlogt'n do an mei Tür?
Zwoa oame Leut,
de recht hungert und friert,
vo weit her kumm ma,
z'Fuaß marschiert.
A Dach übern Kopf,
a biss'l a Wärm,
des war unsa Wunsch.

Nix do,
schaut's dass weida kummt's,
es G'sindl,
macht's eng fort.

Kumm Maria,
na vo'suach ma's no da vorn
en letzt'n Haus.

Ja, wer schlogt'n do mitt'n en da Nacht
an mei Tür?

Zwoa oame Leut,
halb vo'hungerte und dafror'ne,
mir griang a Kindl,
bald wird's gebor'n.

So a Kindl griagt's,
naja,
do ent is a Stall,
do is wärma als draußt.
Er is voll Strouh und voll Heu,
nehmt's eng davo,
und macht's eng a Nest,
mehr ko i net do.
Drinn is a Esel,
a Kuah und a boa Schaf,
do findt's na a Wärm,
für engan Schlaf.

Kumm her Mo, schau ume,
en Stall ent is ganz hell,
a Kindl schreit af,

stimmt's doch,
wos a g'sagt hod dersell.
Schau, Leut kumma vo überall her,
d'Hirt'n, d'Dorfleit, schau,
es werd'n abl mehr.

Kumm gehn ma ume,
schaung ma af des Kind,
weil a so a hella Stern,
vom Himm'l ababrennt.
So is doch bestimmt
wos b'sonders g'schehng,
i g'spür's im Herz,
a ganz a neu's Leb'm.
Da Heiland, sog'n d'Leut,
Gottes Sohn is gebor'n,
er soll kumma sa,
dass ma net san vo'lor'n.

Schnell hol Weihrauch und Myrrhe,
des bringt a Glück,
für s'Kindl, für's Neu.
Schnell hol a warme Deck,
dass e des Kindl,
des Kloane,
damit zua deck.
Schau hi,
wia sche das des is,
vo überall kumma d'Leut mit G'schenka,
es is g'wiss.
Gottessohn is en an Stall gebor'n,
aitzt wiss ma's,
mir san net vo'lor'n.

EINAKTER 3 MINUTEN

Beschreibung:
Kleiner Bub geht mit einem Tannenbäumchen und Säge auf die Bühne.

O'mei, war des aitzt a Schinderei, des Bamhol'n. Aba naja, g'schafft ho es, en den houa Schnee.
obeganga bi i ja en mein Wald, aba wia i unt war, do ho i unbedingt en Nachbarn sei Jungholz umemüass'n, denn seine Bam san viel schöna als de mein.
Naja, do ho e me halt g'schickt, aba wia re na wieda herent war, do ho i na Zeit g'habt, denn do war i ja wieda en mein Holz. So aitzt geh i wieda, denn herricht'n und o'hänga muass en a no...

Beschreibung:
Kleiner Bub geht mit einem Baum und Säge auf die Bühne.

O'mei, war des Christbamhol'n aitzt a Schinderei, en den houa Schnee. Aba naja, g'schafft ho es, wenn a ra biss'l a Angst dabei war.
obeganga bi i ja en mein Wald, aba wia i unt war, do ho i unbedingt en Nachbar'n sei Jungholz umemüass'n, denn seine Bam san viel schöna als de mein.

Naja, do ho a me halt g'schickt, aba wia re na wieda herent war, do ho a ma na Zeit lass'n, denn do war i ja wieda en mein Holz.
So, aitzt geht i weida, denn herricht'n und o'hänga muass en a no.

RAUHNÄCHTE ODER RAUCHNÄCHTE

Rauhnächte kommt von Rauh, behaart, Pelzumhängt, Rauchnächte von Ausräuchern.

Nachdem auf den Höfen die Arbeit getan war, brachte man die langen Adventsabende mit Spinnen, Nähen, Backen und natürlich mit dem Erzählen von bösen Geistern, Unholden und Dämonen.
Wir kennen zwölf Rauhnächte, wo die bösen Geister ihr Unwesen besonders stark trieben. Dieses heidnische Brauchtum hat auch in unsere Adventstage Eingang gefunden.
So wurde der 30. November, »die Andreasnacht«, von den jungen Mädchen dazu verwendet, als Liebesorakel in die Zukunft zu schauen und sie zu deuten. So zogen sie zum Beispiel ihren rechten Pantoffel aus und warfen diesen über ihre linke Schulter nach hinten. Dort wo dann die Schuhspitze hinzeigte, erhoffte sie, dass ihr zukünftiger Geliebter herkomme. Sie warfen aber auch um Mitternacht ihren Strohsack aus dem Bett und traten das Bettbrett, wozu sie sagten, Bettbrett i tritt di, hl. Andreas zeig mit den Liebsten mein.

Die zweite Rauhnacht war dann der 4. Dezember, »der Barbaratag«. So schnitten die Mädchen noch vor Sonnenaufgang, ohne zu sprechen, »die Barbarazweige«, und gaben sie in eine Vase. An die Zweige hängten sie mit kleinen Zetteln ihre Lieblingsnamen und der Zweig mit vollster Blüte war auch der Name des Zukünftigen. Sie hofften auch, vor dem Aufblühen der Zweige bereits etwas über ihren Heiratskandidaten, über ihre Gesundheit oder eventuelle Krankheit zu erfahren. Man hat eben den Barbaratag zu einen richtigen Lostag gemacht.

Es kam dann der 6. Dezember, »der hl. Nikolaus« herbei, wo der hl. Nikolaus vom Knecht Rupprecht, den mit Stroh und Glocken umhängenden Gangerln, den Teufeln begleitet wurde. Sie trieben alle aus dem Haus, um die Dämonen und bösen Geister zu vertreiben.

Am 13. Dezember ist das Namensfest der hl. Lucia, die auch eine Rauhnacht ist. Noch im letzten Jahrhundert sagte man: Sankt Lucien mag den Tag stützen. An Sankt Lucier schreitet der Tag einen Hahnaschrei fire. Man wusste auch, dass es die Dämonen und Geister an Lucia besonders wild trieben. Die Lucier ging mit der Sichel und sollte die bösen Geister vertreiben.

Eine Rauhnacht ist auch die Thomasnacht am 21. Dezember. Sie ist die Lichtbringerin und voller Rätsel. Die Mädchen erhofften wieder durch ihre Liebesorakel den Namen ihres Zukünftigen zu erfahren. Um das Böse zu vertreiben räucherte man ebenfalls die Wohnräume und Stallungen aus. Jetzt zogen alle Geisterheere und Dämonen über das Land hinweg.

Es nahte der 6. Januar »Heilig Drei König«. Vor Einbruch der Dunkelheit begann man mit dem Ausräuchern von Haus, Hof und Stall. Mit Holzkohlen aus dem Backofen im Bügeleisen, Weihrauch und Wacholderbeeren wurde ausgeräuchert und mit dem Heilig-Drei-König-Wasser ausgespritzt. Mit Kreide schrieb man an Truhen, Türen in Haus, Hof und Stall die Worte, KMB - Kaspar, Melchior, Balthasar. Christ segne das Heim. Es sollte die bösen Geister vertreiben, Unheil und Krankheiten fern halten und die Gesundheit fördern. Dem Heilig-Drei-König-Wasser schrieb man eine besonders starke Wirkung zu. Desto näher man am Weihkessel saß, desto mehr wirke es. Da das wirkungsvolle Wasser im Kessel oben war, wollte ein jeder zuerst daraus schöpfen.

VORWEIHNACHTSZEIT

Is an des net sche,
wenn ma de Kinda zuaschaung ko,
wias bast'ln und überleg'n,
wia eahna Herzerl wird froh.

Wia eahnane Aug'n leucht'n,
wenn's des Liachtl sehng,
des am Adventskranz brennt,
als war a Wunda g'schehng.

Wia doch all's zammpasst,
aitzt en da staad'n Zeit,
des Kind' und d'heilig Muatta
und de innere Freud.

Wia se a d'Natur herricht,
mit Frost, Eis und Schnee,
wia des all's glitzat,
is an des net sche.

DA NIKOLAUS

»Du Bäuerin, i geh in Stall ume und schau no af d'Viecha,« sagt da Wastl und macht se am Weg. Wia ra grod in Stall ei'geh will, hört a in da Bulldogschupfa ent a Kett'ngeklimpa. Stockdunk'l is d'Nacht, er ko kam d'Händ vor de Aug'n sehng. Sollt eba do ent af mein Hof scho da Nikolaus sa, denkt a se und schleicht se ume. Wia ra näher kummt, hört a beim alt'n Lanzbulldog dort a Geflüsta. »Pssst, net so laut,« sagt grod oana, »sonst hört uns da Wastl.« »A wo,« moant da andane »und wenn, na moant a bestimmt, da Nikolaus is do. Woaßt, de scheppan aitzt mit ihre Kett'n übaall umananda. Zum Lacha is scho, da Wastl wenn wissat, dass ma eahm am Nikolausabend, als Nikolaus vo'kleidt, seine Bulldogkett'n mitgeh lass'n, nacha gang's uns schlecht. Der dat uns mit seina alt'n Schroutflint'n scho oane am Arsch afebrenna, dass all's z'pät war. So aitzt san ma aba wieda staad, dass ma fertig werd'n. Af jed'n Fall bringa uns de Kett'n an schöna Batz'n Geld.« Da Wastl hod gnua g'hört und schleicht se in d'Kuch'l ume. Dort holt a sei alte Schrotflint'n außa und lad'ts af. Na wart's no, denkt a se, euch werd i scho helfa, meine Kett'n klaua, wou gibt's denn so wos. Vorsichtig schleicht a se zum Hoftürl, denn dort auße werd'n sa se davo macha. Kam hod a an geeignet'n Platz erreicht, hört as scho kumma. A jeda schleppt an Sack am Bug'l. Wia aus dem Nichts steht da Wastl plötzlich vor eahna und schreit: »Hände hoch, ihr zwoa Baze, koan Schritt weida, sonst knallt's.« De zwoa stehna stocksteif und bringa vor lauta Schrecka koa Wörtl außa. Sie stehna grod im Liacht vo da Gaslatern, so dass as alle zwoa sche siehgt. »So und aitzt d'Mask'n ab, aba schnell, sonst kracht's.« Sofort dan's es oba und an Wastl reißt's, wia a de G'sichta siehgt. »Ja do schau her, da Eis'nmichl und da Stammtischsepp klaua meine Kett'n. Na brauch i euch morg'n beim Schandarm bloß no o'zoagn.« »Wir wollt'n di ja bloß ärgern, Wastl, wir hätt'n da d'Kett'n wieda z'ruckbracht,« jammert da Eis'nmichl. »Nix do, I hab euch scho belauscht, wias g'sagt habt's, de bringa an schöna Batz'n Geld. Aba, naja i lass mit mir red'n und will koa Spielvo'derba sa. I mach euch an Vorschlag, na kannt sa, dass i af d'Anzoag vo'zicht. Ihr zwoa kummt's heut af d'Nacht bis umra achte zu meine zwoa Kinda als Nikolaus und bringt's viel G'schenka mit, sonst sad's fällig.« »Wastl einverstand'n, des is a Vorschlag, der is in Ordnung,« sagt da Stammtischsepp schnell, denn mit'n Schandarm will a nix z'doa hab'm. Glei vo'schwind'ns und wia's abg'sprocha word'n is, san's abends als Nikolaus mit viel G'schenka kumma. Scho gar sche hab'ms eahna Sach als Nikolaus g'macht und sei Ignazl uns s'Reserl hab'm a morts Freud g'habt. Wo's d'Gschenka und des feine Gebäck no hergriagt hab'm, hod da Wastl nie erfahr'n. Doch oans is g'wiss, selba hab's es bestimmt net bacha. Am nächst'n Tag war'ns alle zwoa nomal am Wastlhof und hab'm sche brav d'Bulldogkett'n d'Radl afzog'n. Da Wastl hod des Abenteuer für sich b'halt'n und war frouh, dass a de zwoa Baze dawischt hod, sonst war'n d'Kett'n fort g'wen.

ALL'S GLITZERT SCHO

All's is ei'g'hüllt en Raureif
ganz weiß san de Zweigerl vo de Bam
all's is schneeweiß,
es is grod wia ra Tra'm.

Es rührt se koa Ast'l,
bloß d'Vogerl kumma zum Fress'n,
de en da kalt'n Nacht ganz af'plauscht,
en de Tannabam san g'sess'n.

D'Liacht'l am Christbam en Gart'n,
leucht'n af d'Nacht zum Fenst'a rei,
aba ra weit auße zum Kind'l,
des muass a so sei.

De Ruah na am Abend,
und de geheimnisvolle Nacht,
a so wird's wohl g'wen sa,
wia's es Kind'l hod bracht.

DA MICHL VOM MICHLHOF

»Du Michl«, sagt sei Muatta, »hol da aus'n Schupfa de kloane Säg und geh en unsan Jungwald ume und hol an schöna Christbam. I richt daweil all's andane her und mach's Ess'n.«

Glei macht se da Michl mit seine 6 Jahr afn Weg und es dauert net lang do hod a a schön's Bäum'l g'fund'n. Wia ra grod an Bam abschneid, kummt a fremda Mo daher und sagt: »Grüaßte Bua. Holst da an Christbam?« »Ja scho,« sagt da Michl, »d'Muatta hod me außag'schickt i soll en unsan Wald an kloan Bam hol'n«. »Naja«, moant der, »i bi da Förster vom Wald und pass af, dass nermad an Bam stehlt.« : »A ha«, sagt da Michl, »wenn sie af unsane Bam afpass'n, na erlaub eahna i dafür, dass an schöna Christbam abschneid'n en unsan Wald do«. »Danke, Bua,« sagt der, »na nimm a ma halt an Bam mit.« Wia na da Michl dahoam all's da Muatta vo'zählt, woaß glei, dass des net da Förster war, sondern a Christbamdieb, doch des sagt's eahm net, denn sie is frouh, dass net mehr passiert is.

Sche hab'ms no Weihnacht'n g'feiert und da Michl hod a mort's Freud g'habt, weil a an Förster an Christbam g'schenkt hod.

ZU WEIHNACHT'N

Habt's des Liacht alle z'Weihnacht'n g'sehng, des aitzt goa so hell is und b'sonders für de alt'n und krank'n Leut brennt? Grod en da Kripp'n lasst ma's recht hell brenna, dass s'Kindl recht hell hod, denn do liegt d'Hoffnung für uns drinn. Is eng afg'falln, wias do en da Christnacht zuageht, wia d'Instrumente aitzt b'sonders sche klinga? Do hod ma a b'sonders G'fühl und man dalebt, dass s'Kindl alle Jahr wied'a af d'Welt kummt. Und wenn ma na af des schöne Kripperl lurt, do g'spürt ma's, dass wos b'sonders is und all de Tiere, wia da Ochs und d'Schaf umestehna, als dan's es vo'steh und wollt'ns es wärma. Früher wärs no Brauch dass ma Krippenbesucher ei'g'lad'n hod. Do war a'mol da Lukas aus'n Chiemgau, der extra für d'Leut vom Dorf a schöne Kripp'n g'macht hod. Ja, er hod sogar sei guade Stub'm halbat ausg'rammt, damit ja alle Platz hab'm.

A schön's Kripperl hod a baut, min Kindl, de Ochs'n und Schaf. A heller Stern leucht afs Kindl ei, afs Heu und afs Strouh. Dahinta hod a sogar an Berg mit oana Wassarinna g'macht. Ob'm steht a Wassabüchs'n mit oan Loch, dass s'Wassa d'Rinna sche oberausch'n ko und untan Tisch steht da Kübl, wo's s'Wassa ei'laf't. Wenn na d'Leut beinanda war'n, hod ma s'Kind'l direkt dalebt. Später hod's na a für alle no a Mett'nsupp'n geb'm und do's damals alle no aus oana Schüss'l gess'n hab'm, san na de Ess'nsstraß'n zog'n word'n.

VORWEIHNACHT

Lang san aitzl de Abende
en da Vorweihnachtszeit,
um fünfe is scho finsta,
do beginnt de Heimlichkeit.

Af d'Nacht wird se na zammg'hockt,
mit de Kinda en da warma Stub'm,
bast'lt, g'schnien und g'mal'n,
a Freud geht grod um.

Und wenn na vo'zählt wird,
vom Nikolaus und seine Begleiter,
na spitz'n de Kloana d'Ohr'n,
und man bringt's goa nimma weiter.

Denn all's is so heimlich,
voller Liab und voller Freud,
grod für de kloane Kinda,
is des de schönste Zeit.

AF ZWOAMOL

»Du Vata, muass unsa Christbam wirklich so grouß und so schwar sa, den ma do unt en Wald a'g'schnien hab'm?« moant da kloane Franzl. »Scho Bua, der kummt doch abl vor's Wohnzimmerfensta, mit schöne Liacht'ln dro, des g'fallt da doch ab'l a so.« »Ja, scho Vata, aba i ko da an Bam en den houa Schnee scho nimma trog'n helfa.« »Guad Bua, na steck man aitzt do neb'an Weg en Schnee ei und morg'n hol'n man.« Naja, da Bam is duat g'stana, als ob a duat g'wach'sn war. Wia na später da Xare vom Birkahof vom Wirtshaus her, dort vo'beig'wack'lt is, hod a den Bam g'sehng und brumm'lt: »Hm, des is komisch, aitzt ho i abl g'moant, dass af dera freia Fläche weit und breit koa Bam steht und aitzt is do af oamol oana, aba naja, so ko ma se täusch'n.«

Am nächst'n Dog hab'ms na eahnan Bam g'holt und glei afg'stellt. Sche hod a mit seine Liachta g'leucht und alle Dog is da Franzl vorm Fensta g'sess'n und hod auße g'schaut und sein schöna Bam bewundert. Bloß da Xare vom Birkahof hod seine Probleme g'habt, denn wia ra wieda dort vo'beiganga is, war koa Bam mehr duat und er hod nimma genau g'wusst, hod a aitzt duat an Bam g'sehng oder net.

DIE HEILIGE KATHREIN 25. NOVEMBER DES JAHRES

Die Persönlichkeiten des Christlichen Lebens haben noch eine Geltung. So spielt immer noch der 11. November der Martinstag eine große Rolle. Wie auch an Lichtmess war auch der Martinstag ein bäuerlicher Zahltag, wo man schon Ein-, Aus- und Umgestanden ist. Das heißt wo der Knecht sein Dienstverhältnis angefangen, beendet oder den Hof gewechselt hat. Dies war eben schon die Zeit, wo auf dem Hof Ruhe eingekehrt und die Arbeit weniger war. So ist der Tag der Heiligen Katharina ein großer Tag im Christentum. Es ist der Tag des Beginns der staaden Zeit.

So heißt es z. B.: Kathrei stellt den Tanz ein, oder Kathrei schließt die Geigen ein. Früher wurde das auf dem Dorf befolgt und die dörflichen Musikkapellen beendeten ihre musikalischen Tätigkeiten. Auf den 25. November hat man auch Bräuche der Andreasnacht vom 30. November übertragen. Vor allem auch das Schuhwerfen und das Bettbretttreten, ob sich bald der Zukünftige einstellt. An Kathrein wurde auch immer die Schifffahrt eingestellt, denn dies war die Zeit des Niedrigwassers. Es hieß auch noch: »An St. Kathrein schreitet der

Winter über den Rhein,« oder »Die heilige Kathrein lässt den Winter ein. Der Kathreinenschnee tut auch dem Kohl und Saaten weh«. Weiter heißt es: »Wenn es wintert am Kathreinentag, kommt der Eismond sehr gemach.«

Die Heilige Katharina lebte an der Wende zum 4. Jahrhundert in Alexandrien und war wegen ihrer Klugheit und Redegewandtheit weithin bekannt. So vertrat sie ihren Christenglauben auf Geheiß des römischen Kaisers im Jahre 307 gegenüber einem Kollegium von 50 heidnischen Gelehrten, so berichtet es die Legende - die sie ihre Überzeugungskraft für ihre Lehre des Heilandes gewonnen hat. Was natürlich ihr Todesurteil bedeutete.

EIKAFA

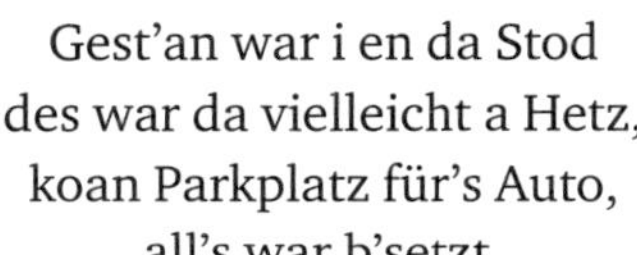

Gest'an war i en da Stod
des war da vielleicht a Hetz,
koan Parkplatz für's Auto,
all's war b'setzt.

Endlich ho i oan g'funna,
nach a na halb'n Stund,
aitzt durch d'Leut durche drucka,
denn es geht rund.

Es wird bloß no dräng'lt,
und umananda g'schubst,
koa Ruah mehr zum O'schaugn,
do vo'geht da fei d'Lust.

Und wennst na a Drum host,
muasst a halbe Stund zum Zahl'n o'steh,
do vo'geht da fei d'Freud,
es is nimma sche.

Drum bi i na zum Auto,
i fahr wieda hoam,
doch aitzt war i erst recht,
im Verkehrsstau vo'lor'n.

HEILIG ABEND

Da Franz hod untan Christbam vorm Fensta heuer a'mol a schön's Kripperl g'stellt. Guad schaut's aus, denkt a se wia ra fertig is. »Man möcht's net glaub'm,« sagt a am nächst'n Dog zu seiner Resi, »sogar d'Vogerl kumma zum Jesuskindl ens Kripperl und hupfa umananda. Is an des net sche?« »Scho,« moant's, »des war a guade Idee vo dir.« Wia ra wieda a'mol dem Vog'ltreib'm am Kripperl zuaschaut, sehgt a sogar a Turt'ltaub'm drinn, de eahm an Hl. Josef umg'worfa hod. Glei geht a auße und schaut nach. D'Vogerl fliang alle davo und do sehgt a, dass en Kripperl a ha'fa Vog'lfuatta drinn is. Er fragt an Franzl und der moant: »Ja Vata, des ho i alle Dog ei'do, dass s'Jesuskindl do draußt net so a'loa is«. »Naja,« moant sei Vata, »na hab'm ma halt a Kripp'n mit echte Vögl, des is a sche, mir g'fallt's.«

S'UNGLÜCK

Das schönste für mich als Kind zum Weihnachtsfest war, wenn ich den Christbaum mit anhängen und schmücken durfte, weil das Christkindl zu wenig Zeit hatte. So hat es mir die Großmutter immer erzählt. Ihre Worte waren immer, »dass du mir ja keine Glaskugel zerbrichst, denn dies bedeutet ein großes Unglück.« Einmal ist es halt passiert, dass mir eine Kugel zerbrochen ist und weil dies ein großes Unglück bedeutete, habe ich gleich noch eine zweite Kugel fallen lassen, doch sie zerbrach nicht und bei soviel Glück dachte ich, kann es doch kein Unglück bedeuten, wenn eine Kugel zerbricht. Doch die Großmutter sagte ja dies nur, weil sie zu teuer waren und man sie kaum nachkaufen konnte.

GANZ NAH BEINAND

Festlich is d'Zeit,
ganz weiß scho d'Natur,
sie is aitzt staad,
net voller Unruah.

Und doch san Schneewahna,
oft ganze Berg,
da Wind hod's zammtrog'n,
bestimmt net a Zwerg.

Christbam en Wald draußt,
san voller Schnee und Eis,
eahnane Äst druckt's ganz obe,
sie glitzan grea und weiß.

Und dann geht do d'Liab um,
mit zwoa Füaß und zwoa Aug'n,
sie suacha a schön's Bäum'l,
denn oans muass dro g'laub'm.

Bald is na herg'richt
und sche g'schmückt na da Bam,
so steht a im Zimma,
als war all's bloß a Tra'm.

Doch wos oan sei Sterb'm is,
des is an andan sei Leb'm,
da Bam hod sterb'm müass'n,
dass d'Mensch'n ebs sehng.

SO WIA FRÜHER

Wohnst no en an kloana Dorf,
wo Weihnacht'n no wia früh'a g'feiert wird.
Wo ma no Zeit hod zum Zammhocka,
zum Red'n.
Wo d'Hast und d'Hetz no net ei'zog'n san.
Wo da Sonntagsbrat'n oan Tag vorm Heilig'n Abend no
vom Bauernhof g'holt wird.
Wo se da Bua no über an selber bast'lt'n Bulldog freut,
und da Christbam no heimle o'g'hängt wird.
Wo d'Kinda no schnell und ganz neugierig zum
Schlüss'lloch einelurn, obs vielleicht doch ebs dablicka.
Wo s'Dorf fast lar is um Mitternacht,
weil's alle en da Christmett'n san.
Wo da Bauer no en Stall umegeht und de Viecha ebs
g'weiht's gibt und no horcht, wos seine Vieche
Mitternacht all's schmatz'n.
Wennst des all's net hast, na mach's wieda a so,
es geht,
du muasst bloß wieda Zeit und d'Liab hab'm dazua.

OBS STAAD WIRD?

Langsam kummt de Zeit wied'a zua'ra,
wos staad werd'n soll,
doch d'Leut fanga erst mit da Hetz o,
des geht all's no ohne G'fühl.

Umananda rump'ln en de G'schäfta,
ei'kafa, no so viel,
für jed'n nur s'Beste,
wos soll do scho a G'fühl.

Zeit hab'm zum O'schaung,
länga steh'bleib'm am Stand,
do hod ma koa Zeit,
net a'mol für's G'wand.

D'Hauptsach da Rub'l rollt,
en da Weihnachtszeit,
d'Liab und guade Worte,
für sie is koa Zeit.

VORWEIHNACHTSZEIT 30. NOVEMBER – ANDREASNACHT

Es ist noch nicht lange her, da war es vor der Weihnachtszeit ruhig. Man blieb gerne daheim und stellte sich innerlich auf das nahe Fest ein. Das Wenige, das man schenkte, wurde nicht gekauft, sondern selbst gemacht. So waren die Adventstage ausgefüllt mit mancherlei Handarbeiten, Basteleien und auch Heimlichkeiten. An den langen Abenden ohne Fernsehen und Radio wurden die Großeltern nicht müde, den Kindern von Dämonen und Unholden zu erzählen, die nach altem Volksglauben gerade in der vorweihnachtlichen Zeit ihr Unwesen trieben und alt und jung in Schrecken versetzten. So kam auch schon die Andreasnacht, der 30. November herbei, wo man dem heidnischen Brauchtum nachging. So warfen die Mädchen in der Andreasnacht ihren rechten Schuh rückwärts über die linke Schulter nach hinten und von dort, wohin dann die Schuhspitze zeigte, kam der zukünftige Geliebte her. Für die Andreasnacht gibt es auch eine Wetterregel die besagt: Wenn in der Andreasnacht Schnee fällt, bleibt er 100 Tage liegen. Ein anderes Liebesorakel war das Bettbretttreten. Dies geschah so: Um Mitternacht entfernten die verliebten Mädchen den Strohsack aus ihrem Bett und stellten sich auf die Bettbretter. In der Oberpfalz sagten sie dabei: »Bettbrett i tritt di, Andreas zeig mir den Liebsten mein.« So war die Andreasnacht am Übergang vom alten zum neuen Kirchenjahr voller Aberglaube und Zukunftsdeutung.

DA CHRISTBAUM WACK'LT

»Du Vata, schau a'mol zum Fensta auße, af unsan Christbam, der wack'lt abl.« »Geh Bua, des is doch da Wind, der d'Äst und d'Liachta hi- und herbewegt.« »Na Vata, i woa vor da Haustür draußt, es geht überhaupt koa Wind.« »Ja do vorn halt net Peterl, weil ma an Westwind hab'm.« »Vata, do wack'lt wer, glaub ma's, des is net da Wind, entweder do steht wer hintam Bam oder es hod oana a Schnur onebund'n und ziagt abl wieda o.« »A geh, Peterl, host du a Fantasie. Also kumm, na geh'n ma auße und schaung ma nach.« Wias näher zum Bam hi'kumma, sehng's, dass da Christbam tatsächlich wack'lt. Er leucht mit da Tasch'nlamp'n hi und sehgt den Übeltäter. Da Muck'l, eahna Katz hockt am Bam ob'm und traut se nimma aba. »Sehgst Vata, i ho doch recht g'habt, dass da Bam so komisch wack'lt, wenn's a bloß da Muck'l war.«

GEISTERWALD

Wia de Bäum'l aitzt dostehna,
mit Eis und Raureif überzog'n,
so herrlich zum O'schaung,
i glaub bloß Geister san do.

Do stehna soviel Figur'n,
Gestalt'n, ganz heimle im Tanz,
G'sichta schaua umananda,
schneeweiß, mit viel Glanz.

Man ko's a red'n hör'n,
ihr Stimm is kalt und ganz fahl,
d'Schneelast druckt eahm d'Oarm obe,
es is scho a Qual.

Manche stehna beiananda,
sie stütz'n se mit de Händ,
andane hab'm an weiß'n Huat af,
über den da Pulverschnee oberennt.

Überall schaua Geistergsichta,
stehna Figur'n umanand,
schneeweiß, ganz g'starrat,
geistert's im Land.

Und plötzlich wird's wärma,
de Geister schütt'ln eahna G'wand,
af oamol sans ganz grea,
Sie hab'm a neu's G'wand.

EIN LICHTLEIN KOMMT

Ein Bäumchen steht im Garten
gekleidet ganz in weiß,
muss es die Schneelast tragen
es schüttelt sich ganz leis.

Viel Lichtlein an ihm brennen,
Kerzen ganz in rot,
will es den Menschen sagen,
das Kindlein ist nicht tot.

Immer wieder starren
Äuglein auf das Licht,
wenn sie still verharren,
einen Augenblick.

So spürt man Liebe wandern,
tief in das Menschenherz,
Liebe von dem Kinde,
tränkt es gar mit Schmerz.

ADVENT

Staader is word'n,
a schöne Zeit geht aitzt o,
do freut se s'Herzerl,
da Advent is scho do.

Überall brenna schöne Liachta,
G'schenka stehna am Tisch,
s'Eikafa geht o,
dass a jeda wos dawischt.

D'Natur is staada word'n,
doch d'Mensch'n rumpl'n umanand,
sie müass'n no viel Eikafa,
d'Spielsach'n und s'Gwand.

Sie dan's für eahnane Kind'a,
denn sche soll's Fest werd'n,
s'Schenka is einfach und
es duat nix vo'derb'm.

A BAM VOLL KUG'LN

»Du Michl, i fahr aitzt en d' Stadt und du hängst mit da Steffi daweil an Christbam o. D'Glaskug'ln san unt en da Schachtl en Keller. Müasst's es halt afahol'n.« »Is scho guad Muatta,« sagt a und geht glei obe. Vorm Schrank stehna vier Schacht'ln und im Kast'n, denn s'Türl is off'n, siehgt a no zehn Schacht'ln steh. Er schaut's alle durch und da de Kug'ln so sche san, tragt as alle afe. A Schachtl route, lila, weiße, Häusl, Früchte, Vogerl'n und viel andane san d'rinn. Sie hänga alle 14 Schach'ln Kug'ln und Figur'n one und wias fertig san, is da Bam so voll, dass koane mehr onepasst. Do hänga Kug'ln für an lila Bam, für an rout'n, an weiß'n Bam dro und no viel andane. Es is da reinste Kug'lbam word'n. Das bloß de vier Schacht'ln g'numma hä'n, de ehna d'Muatta vom Kast'n außa hod, af des sans net kumma. Naja, und warum soll'n net a'mol alle Kug'ln obm hänga. Wia d'Muatta hoam kummt, daschrickt's erst, wias an Bam sehgt, doch desto öfter dass nan o'schaut, desto mehr g'fallt a ihr, es is ja da reinste Kug'lbam word'n. Sie hod selber goa nimma g'wusst, dass no soviel alte schöne und wertvolle Glaskug'ln do san. Glei zählt's es, doch en Bam dro is des unmöglich und so zählt's de 14 Schacht'ln und kummt af 150 Kug'ln. Am schönst'n san de alt'n Vogerl, d'Häusl und de Glöckerl, de schon 100 Jahr alt san. Ab sofort werd i de schöna alt'n Kug'ln mehr pfleg'n, dass ja alle dahalt'n bleib'm.

So hod's na nach Heilig Drei Kini an Bam selber abgleert. Alle Jahr hod's na neue Kug'ln dazuakaft und so is a schön's Hobby draus word'n, nämlich s'Christbamkug'lnsammeln.

A BLÖDE SACH

»Du Hansl, gehst heut Nachmittag en unsan Wald ume und suachst daweil an schöna, zwoa Meta hoch'n Christbam aus und wenn i um fünfe hoamkumm, na hol'n man.« »O ja, Vata,« schreit da Hansl, »des mach i«. Glei macht a se am Weg und geht am Bach entlang obe. Er denkt net dro, dass a en sein Wald übern Bach ume muass und so geht a abl weida. Af oamol fallt's eahm ei und er stellt fest, dass da Bach soviel Wassa hod, dass a goanet umehupfa ko. Entweder er geht bis en d'Au obe und dort übers Brückerl oder ens Dorf z'ruck. Er is scho soweit unt'n, dass sei Wald scho aus is, doch links steht an Nachbarn sei schöns Jungholz und do hod a ra Idee. Er geht ens Holz ei und suacht se an schöna Bam aus, wonach er wieda hoam geht. Af d'Nacht macht a se min Vata am Weg. Er hod a ra kloane Säg dabei. Sei Vata sagt nix, weil's links vom Bach obegehnga, denn er moant, dass weida unt umehupfa kenna. Doch do drauß is nix word'n und plötzlich geht da Hansl en Nachbarn sei Dickicht ei. »So,« sagt sei Vata, »do host da also an Bam ausg'suacht, host net übern Bach kenna. Naja, muass halt heua da Nachbar mit an Christbam aushelfa.« Inzwisch'n is a scho finsta word'n und es hod net lang dauert, do san's min Bam scho am Hoamweg. Plötzlich kummt eahna, wias grod de erste Straß'nlatern dareicha, eahna Nachbar entgeg'n. Er hod a ra Säg dabei und sagt: »A ha, habt's eng a ran Bam g'holt. I geh aitzt erst ens Holz obe, aba i ho ma an Bam scho o'g'merkt. A frohes Fest wünsch i eng no,« sagt a und geht weida. Plötzlich fallt eahm ei, ob eba de Zwoa en seim Holz unt war'n, weil's do herent daherkumma. Des hod'n koa Ruah mehr lass'n und so suacht a sei ganz Jungholz ab, doch er find't koan a'g'schniena Bamstumpf und so beruhigt a se wieda, de werd'n halt unt über s'Brückerl ganga sei. Da Xare denkt se, bloß guad is, dass i an Bam ganz unt o'g'schnien ho und na mit Gras a so zuadeckt, dass ma nix sehgt, sonst kam no a Feindschaft außa, mit dera blöd'n Sach.

WEIHNACHTSZEIT

Rennst de obe für G'schenka,
als dat's sonst nix mehr geb'n,
ja sehgst an goanix mehr,
de Angst, den Kumma, des Leb'm.

A Freud sollst im Herz hab'm,
a G'spür und viel Liab,
a so ko'st andane helfa,
dass s'Leb'm net so trüab.

Aitzt ko'st as o'red'n,
a boa schöne Wört'l sog'n,
net schimpfa und schrei'a,
oder goa des arme Leb'n schlog'n.

Aitzt ko'st eah d'Liab ens Herz leg'n,
wennst oane host,
a so wia's s'Kind'l des do hod,
mit Liab ohne Plog.

IN DA STAAD'N ZEIT

Ewig umananda hocka,
ess'n und dringa,
bloß en da warma Stub'm sa,
duat da G'sundheit nix bringa.

Doch plötzlich do packts me,
i ziag me warm o
und geh durch mei Hoamat,
spazier'n, bloß a so.

I schau af de schöna Häus'l,
af d'Christbam, afs Liacht
und do dawisch a me
aitzt druckt me mei Liab.

I geh vo'eiste Gangl,
wou i als Kind umanandg'rennt bi,
schau am Litzlbach,
wia ra plätsch'at dahi.

I sog pfirte oder griaßte,
mach an kloana Ratsch,
der g'hört zum Gangl,
a so a kloana Schmatz.

Und wenn i na gnua ho,
recht müad bi und g'scheit da'fror'n,
na geh i schnell wieda,
en mei warme Stub'm hoam.

Do ko a me hi'hocka,
g'scheit kusch'ln oder lieg'n,
ho Zeit zum Nachdenga
und oft wird a ebs g'schrieb'm.

A SCHÖNS G'SCHENK

Do ho i a'mol mit mein kloan Enkerl
an Tannabam en Gart'n ei'pflanzt.
Sche is a g'wachs'n,
naja, er hod a an schöna Stand.

D'Sonna lacht,
vo da früah bis af d'Nacht
und des passt eahm,
dass a sche wachst.

Heut, vorm Heilig'n Abend wollt ma'n a'schneid'n,
mei Enkerl und i,
doch af oamal sagt's,
mach ma den Bam net hi.

Naja, sog i,
lass ma'n halt steh,
na muass i halt en Wald
um an Christbam außegeh.

I sog eng,
mei Enkerl hod se vielleicht g'freut,
er hod me glei umarmt,
vor lauta Freud.

I glaub, dass der Bam für eam,
s'schönste Weihnachtsg'schenk war,
und heut, wenn i a so nachdenk,
san's a scho zehn Jahr.

LICHT

Erst nichts als Finsternis,
Aberglaube, Dämonen, Götzen
und Geister,
doch plötzlich ein helles Licht,
ein heller Stern, eine Botschaft,
ein Engel aus dem Nichts,
vom Himmel, ein Kind,
ein Retter, eine Krippe,
eine Mutter und der heilige Geist.
Plötzlich Hoffnung und Liebe,
das ewige Licht.
Freude in den Herzen der Menschen
und nie mehr Finsternis.
Die Angst vor dem Nichts ist fort,
weggenommen, denn das Licht ist geboren,
für alle. - Gottessohn -

MAMA I HO S'CHRISTKIND'L G'SEHNG

»Du Mutta, du Mutta, s'Christkindl war da«. »A geh Franzl« moant's, »des kimmt doch erst en ra Stund«. »Doch Mama, i ho's g'sehng, glaub ma's. I ho zum Schlüss'lloch ei'g'schaut und do ho i an schöna Christbam g'sehng«.

»A geh Franzl, des gibt's doch goanet, s'Christkindl stellt doch an Christbam allerweil hinta d'Tür, do ko'st nan durch Schlüss'lloch doch goanet g'sehng hab'm.« »Jo Mama scho, schau ei«. Glei gehts hinte und lurt zum Schlüss'lloch ei und daschrickt, denn si sehgt an Bam steh. Sie woaß a glei warum, denn geg'nüber vom Christbam hängt da Spieg'l an da Wand und do drinn sehgt ma an Bam.

»Naja«, moant's zum Franzl, »do is s'Christkind doch scho do g'wen. Nach'n Ess'n gehng ma glei hinte, gell.« »Is scho recht Mama,« moant da Franzl und freud se scho afs Christkindl.

NIX ALS WERBUNG, B'SONDERS Z'WEIHNACHT'N

Wos is des heut no für a Weihnacht'n,
wo is des Heimliche,
des Geheimnisvolle,
der Glaube an des Kind'l,
de Liab,
des Brauchtum blieb'n?
Bloß no kafa,
all's hab'm,
all's griang,
umanandarenna,
Hast'n, Hetz'n,
und Unzufriedenheit wachs'n lass'n.
Besser wär's,
de zu beschenga,
de vo'hungern müass'n,
dene braucht ma bloß a Stück Brot geb'm,
des war net so teuer,
oder a warm's G'wand
und scho hod ma an Mensch'n
de größte Freud g'macht oder
vielleicht sogar s'Leb'm g'rett.

ZWOA KUG'LN

Da Bauer und d'Bäuerin san min Franzl am Christkindlmarkt. Sie gehnga vo Stand zu Stand und schaung se all's o. »Du Bauer,« sagt d'Bäuerin, »wo is an da Franzl blieb'm, weil a net do is?«

»Der kummt a scho wieda, Bäuerin ,« moant a und geht weida. Da Franzl steht grod am Stand und sagt zu da Vo'käuferin: »Zwoa Christbamkug'ln griag i, dort des schöne kloane Häusl mit den rout'n Dach und den Niglo mit dera rout'n Zipflmütz'n. Wos kost'n de Zwoa?« »Sechs Euro, Bua,« moant d'Standfrau und nimmt sein Geldbeutl und zählt se s'Geld außa. »Hm,« moant's na zu eahm und sagt: »Do schau her i nimm ma fünf Euro außa und de acht'zg Cent ko'st da b'halt'n, des't no drinn host. Soll a das eipacka?« »Scho,« sagt a zu ihr, »aba bloß a dünns Papier umedo bittsche.« »Naja«, moants und gibts eahm. Er schiabts s'kloane Häusi en de rechte und an Niglo en de linke Hos'ntasch'n und macht se davo. »Do bist a wieda«, sagt sei Muatta und nimmt nan bei da Händ. Als im Omnibus san, bleibt da Franzl steh und sei Muatta moant, »hock de halt hi Bua«. »Na, Mama,« sagt a, »i will steh,« denn er hod Angst, dass beim Hocka, d'Kug'ln brecha.

Am Heilig'n Abend hängt a nach'n Bam o'hänga ganz heimlich sein Christbamschmuck dazua und alle Dog lurt a en s'Eck hinte, ob sei Niglo und s'Häusl no dro san. Aitzt muass a bloß no schaung, wia as am Heilig Drei König beim Bam ablad'n wieda ababringt, ohne dass seine Eltern ebs merka, denn grod des Heimliche is sei Freud.

ADVENTSKRANZ

Wia guad de Ast'l schmecka,
so richtig voller Leb'm,
wenn d'Kerz'n dra'f brenna,
als dat wos b'sonders g'schehng.

Wennst na a Tannanad'l abreißt
und am Liacht o'brennst,
wia guad das des riacht,
dass de fast nimma kennst.

Und na muasst deine kloan Kind'a o'schaung,
mit eahnane strahlend'n Aug'n,
sie horcha af G'schicht'n,
weils all's fast no glaub'm.

Do ko'st eah d'Weihnachtsfreud,
tiaf ens Herz eineleg'n,
denn sie hab'm s'Herz no off'n,
wenn soebs duat g'schehng.

DER FRANZL WARTET AUF DAS CHRISTKIND

Letztes Jahr hat dem Franzl sein Vater in der alten Schmiede das Pferd vom Christkind beschlagen, denn es hatte ein Hufeisen verloren. So hatte es ihm seine Mutter erzählt. Da er auch schon oft mitgearbeitet hat und er weiß, wie das Pferdebeschlagen geht, begibt er sich heuer selber in die Schmiede und wartet, denn vielleicht kommt das Christkindl wieder vorbei, dann würde er alleine dem Pferd das Hufeisen aufbrennen und anschlagen. Er hat in der Schmiede kein Licht gemacht, damit ihn seine Eltern nicht sehen. Nur das Schmiedefeuer schimmert leicht durch das Fenster. Es ist schon ganz finster geworden und er wartet und wartet, doch vergebens. Seine Eltern machen sich schon Sorgen, als er gerade in das Haus zurück geht. »Wo warst du denn so lange?« meinte seine Mutter, »das Christkind war schon da.« Da erschrak er, doch er fing sich schnell wieder und freute sich, als er in der guten Stube den schönen Christbaum und die vielen Geschenke sah. Am nächsten Tag sah sein Vater, dass das Schmiedefeuer angeheizt war und da wusste er, dass der Franzl in der Schmiede auf das Christkind gewartet hatte.

SPAZIERGANG

Zwoa Dog vorm heilig'n Abend geh i im Wald spazier'n und schau ma de schöne Natur o. All's is weiß und d'Schneelast druckt so manch'n Bam und Ast bis am Bod'n obe. Wia i grod an oan Dickicht vobeigeh, do hör i a Schneid'n mit a Säg. A ha, denk a ma, do stehlt oana an Christbam. Glei schleich a me näher hi und sehg an Mo, der grod an Bam nimmt und sich davoschleicht. Er geht in Richtung Jagerhaus. Des is scho allerhand, denk a ma, ja so wos frech's, an Bam stehl'n und damit a no am Forsthaus vo'beigeh, do g'hört se scho allerhand Frechheit dazua. Wia ra am Häusl dort unta da Latern steh bleibt und an Bam nomal vom Schnee abschütt'lt, do sehg i, dass des ja da Förster selber is. Mensch, ho i do Glück g'habt, denk a ma, dass a me en de Sach net ei'g'mischt ho, denn do hätt' a me g'scheit blamiert. A so ko's da geh, wia ma so sche sagt, wennst de unta de Sau eahna Kleim ei'mischt, na wirst a mitg'fress'n.

LIAB

Wos moanst,
wia viel Liab am Heilig'n Abend unterwegs is?
En wiaviel Herz'n dass einedruckt,
vor all'm en d'Kinderherz'n.

Doch, do wos scho a'mol drinn war,
do will's abl wied'a ei,
wenigst'ns probierts es abl wied'a,
a wenn's a'mol net klappt.

Denn wer d'Weihnachtsliab scho a'mol dafoahrn hod,
der lasst's ei und wenn's no so weng is,
denn d'Liab ko ma im Herz'n selba vo'mehr'n,
man muass bloß wiss'n wia's geht.

VORWEIHNACHTSZEIT 4. DEZEMBER – HL. BARBARA

Gleich in den ersten Adventstagen, am 4. Dezember begegnet uns alljährlich eine Heilige, die sich großer Beliebtheit erfreut, es ist die heilige Barbara. Sie lebte im 3. Jahrhundert in Nikomedien, in der heutigen Türkei und wurde Christin, womit sie sich den Zorn ihres Vaters Dios Kuros zuzog. Das junge Mädchen war wegen ihrer Intelligenz und Schönheit weithin bekannt und begehrt, deshalb schloss sie ihr Vater in einen Turm ein, um sie so vor Entführungen zu schützen. Und hier geschah es auch, dass sie sich zum Christentum bekannte. In blindem Zorn gab Barbaras Vater daraufhin den Befehl, sie zu enthaupten. Nach der Überlieferung soll sich aber ein Berg aufgetan haben, der sie standhaft ihren Verfolgern entzog. Erst beim zweiten Versuch hatte Dios Kuros Erfolg. Er selbst tötete seine Tochter. Das war im Jahre 306. Von den vielen Legenden, die sich um das Leben der tapferen Barbara bildeten, leiten sich ihre zahlreichen Patronate ab. So wird die Heilige, die oft mit einem Turm dargestellt wird, besonders von den Bergleuten verehrt. Früher ließen sie am Barbaratag ein Licht brennen, denn nach altem Volksglauben bewahrte das vor einem Tod unter Tage. Barbara, die zu den 14 Nothelfern gezählt wird, ist auch die Schutzpatronin von allen, die mit Feuer und Eisen zu tun haben. Das sind die Feuerwehrleute und die Feuerwerker, die Glockengießer, Glöckner und Schmiede. Geschätzt war Barbara auch als Helferin bei Feuersnot und schweren Gewittern. Und täglich betete man zu ihr um eine gute Sterbestunde. Darauf weist auch der Kelch hin, mit dem sie oft abgebildet ist. An dem Brauch verbindet man natürlich auch die Barbarazweige. In diesem Brauch hat sich freilich auch abergläubisches und unchristliches eingeschlichen. So sollten die Barbarazweige in der Nacht vor dem Barbaratag noch vor Sonnenaufgang geschnitten werden und dabei sollte kein Wort gesprochen werden. Aberglaube war es auch, wenn Mädchen früher die Barbarazweige zu einem Liebesorakel machten, denn vorm Aufblühen der Zweige glaubten sie die erhoffte Heirat ableiten zu können. Und deshalb behängten sie die Zweige mit dem Namen des möglichen Heiratskandidaten. Aberglaube war es auch, wenn die Barbarazweige dazu dienen mussten, um Gesundheit und Krankheit vorherzusagen. So hat man eben den Barbaratag zu einem richtigen Lostag gemacht, zu einem Tag also, wo man glaubte, den Zukunftsschleier ein wenig lüften zu können.

CHRISTBAM

Es is scho Heilig Abend und weil's pressiert, holt da Xaver schnell an Christbam aus da Schupfa und legt'n vor d'Haustür hi. Er geht no ens Werkzeugkammer'l und holt a Säg. Weil's so finsta is, sehgt d'Bäuerin, wias für d'Haustür außegeht, an Bam net lieg'n und fallt drüber. Sie fallt min G'sicht en de stechenden Tannanad'ln ei und vor lauter Wuat packt's nan und wirft'n en d'Odlgrub'm obe. Wia da Xaver z'ruckkummt, sehgt a zwar d'Bäuerin af da Gret steh, doch koan Bam. »Den ho i grod vor lauter Wuat en d'Odlgruab'm ei'g'worfa,« sagt's, »na hab'm ma halt heua koan Bam.« »Naja,« sagt da Xaver, »na ho a ma wieda ra Arbat daspart« und duat sei Säg wieda ens Kammer'l hinte. Er hod se scho denkt, dass se d'Bäuerin g'ärgert hod, und wia as o'schaut sehgt as a wos do passiert war, doch er sagt nix.

CHRISTBAUMBRAUCH

Der Christbaum ist hierzulande eigentlich ein Fremdling. Noch im vorigen Jahrhundert sagte man bei uns das »Paradeiserl« zur Weihnachtszeit, dies war eine Verniedlichung des Paradiesbaumes - Baum des Lebens. Der Paradiesbaum wurde mit Äpfeln und kirchlichen Darstellungen geschmückt. Der Brauch, eine Tanne oder Fichte als Weihnachtsbaum zu verwenden, hat sich erst allmählich entwickelt. Die ersten Anfänge sind vom 15. Jahrhundert im Gebiet des Oberrhein, also im badischen Breisgau und im Elsass festzustellen. Im 16. Jahrhundert begannen vor allem die Bürger in den Städten die Weihnachtsbäume mit Äpfeln und anderem Obst zu behängen. In wohlhabenden Kreisen ging man nach und nach über, den Weihnachtsbaum immer mehr zu schmücken und Geschenke darunter zu legen. Um 1800 wurde der Baum dann mittlerweile Christbaum genannt. Jetzt trat er auch seinen Siegeszug an und war bald in ganz Deutschland bekannt. Bis Ende des 19. Jahrhunderts erstreckte er sich auf die meisten Kulturländer der Erde. Auf dem Lande, vor allem in Altbayern, in den bäuerlichen Familien, ging man erst Ende des 19. Jahrhundert vom Paradeiserl ab und machte den Weihnachtsbaum. Heute könnte man sich einen Christbaum ohne festliche Beleuchtung gar nicht mehr vorstellen.

VORWEIHNACHTSZEIT
6. DEZEMBER – HL. NIKOLAUS

Der heilige Nikolaus hat wirklich gelebt. Er war Bischof von Mühra in Kleinasien und nahm im Jahre 325 am berühmten Konzil von Nizea teil. Am 6. Dezember, um das Jahr 350, soll er gestorben sein. Seine Gebeine ruhen seit 900 Jahren in der süditalienischen Stadt Bari. Sonst gibt es über das Leben des heiligen Nikolaus kaum historisch gesicherte Angaben. Das trug wohl wesentlich dazu bei, dass sich um sein Wirken schon bald Legenden gebildet haben. Am bekanntesten ist wohl die Geschichte von den drei Töchtern eines verarmten Edelmannes, die er davor bewahrte ein lasterhaftes Leben führen zu müssen. Um ihnen zu helfen, soll Nikolaus heimlich in der Nacht, je drei Beutel mit Gold oder drei goldene Kugeln, in ihre Schlafkammer geworfen haben. Auf diese Legende gehen auch die Darstellungen zurück, die den Heiligen als Bischof mit drei goldenen Kugeln oder Äpfeln auf einem Evangeliumbuch zeigen. Andere Legenden berichten von seiner Hilfe in Seenot oder von der Errettung von drei Hauptleuten aus einem Turm, in dem sie auf ihre Hinrichtung gewartet haben. Nach anderen Erzählungen hat er einmal drei Kindern, die ein Wirt in ein Faß gesperrt hatte, wieder die Freiheit geschenkt. Diese Legenden erklären auch die vielen Patronate, die man dem Heiligen Nikolaus nachsagt. Bekanntlich ist der Heilige der Patron der Schüler und Kinder, er soll aber auch die Reisenden und Pilger beschützen, die Schiffer und Flößer, die Bäcker und Bierbrauer,

die Kaufleute und Apotheker, die Notare und Advokaten, ja sogar die Samenhändler und Knopfmacher und nicht zuletzt gilt der Heilige, mit der Mitra, als Helfer für eine gute Heirat. Die Beliebtheit des Heiligen zeigt sich vor allem im Brauchtum, das um seine Person entstanden ist.
In Altbayern brachte er früher die Weihnachtsgeschenke. Ein Brauch, der noch im letzten Jahrhundert lebendig war. Heute ist St. Nikolaus der Vorbote vom Christkindl und wird von den Kindern als vorweihnachtlicher Gabenbringer erwartet. Doch wie ist er zu dieser Auszeichnung gekommen? Wieder müssen wir auf die Legende zurückgreifen. Weiß sie doch zu berichten, dass der Heilige stets ein Herz für die Armen hatte. So sorgte er, als wieder einmal in seiner Stadt große Hungersnot herrschte für Getreide und ließ daraus Brot backen. Seine besondere Liebe musste aber den Kindern gehört haben, deshalb besuchte er sie alljährlich an seinem Namensfest als Bischof mit langem roten Mantel, Mitra, Stab und Buch. Als gütiger Heiliger findet er immer die passenden Worte um die Kleinen zu loben und zu mahnen. Wie es die Kinder von ihm erwarten, greift er dann in seinen Sack und beschenkt sie mit Äpfeln, Nüssen, Lebkuchen und Süßigkeiten.

Dieser Brauch geht auf Bischofspiele bis in das Mittelalter zurück. Dabei wählten Klosterschüler aus ihrer Mitte einen Mitschüler zum Kinderbischof und zogen mit ihm bettelnd durch die Straßen. Aus diesen Spielen entwickelte sich allmählich unser Brauchtum vom Nikolaus, der zu seinem Namensfest die Kleinen besucht. Der Nikolaus ist bei seinem Besuch nicht allein. Er hat Begleiter bei sich, die aber gar nicht recht zu seiner Heiligkeit passen wollen. Handelt es sich doch dabei um äußerst finstere Gestalten. Mit großem Lärm kündigen sie sich an, schlagen an Türen und Fenster und haben ein furchterregendes Aussehen. Je nach Gegend heißen die unheimlichen Gesellen: Knecht Rupprecht, Krampus, Pelzmertl, Strohmertl, Klaubaut, Rauhwuckl, Putz oder Rumpelblass. Sie alle sind Schreckensgestalten aus vorchristlicher Zeit, die in das christliche Brauchtum der Adventszeit Eingang gefunden haben.

Keineswegs will St. Nikolaus mit seinem pelzumhüllten Begleiter die Kinder erschrecken und disziplinieren. Eine Aufgabe, die ihm manche Eltern aufbürden wollen. Nikolaus kommt als lieber Gabenbringer und Freund der Kinder und nicht als Erziehungshelfer. Im Berchtesgadener Land begibt sich St. Nikolaus mit einer wilden Horde, den Buttmandeln, auf seinen nächtlichen Rundgang. Die zwölf Buttmandeln schauen ganz furchterregend aus. Sie tragen Tiermasken und sind am ganzen Körper mit langem und ausgedroschenem Stroh umwickelt. Zur Begleitung des heiligen Bischofs gehört auch das Nikolo-Weibl, das ist ein Bub in Berchtesgadener Mädchentracht. In seinem Korb trägt das Nikolo-Weibl die Geschenke für die Kinder mit. Und damit die sonderbare Gesellschaft komplett ist, mischen sich unter die Gruppe der Buttmandeln noch ganz unheimliche Gestalten, die furchtbar mit der Kette rasseln, es sind die Gangerl, die Teufel. Zusammen mit seiner recht sonderbaren Begleitung zieht nun St. Nikolaus von Hof zu Hof, wo er von den Kindern voller Herzklopfen erwartet wird. Angst machen ihnen eigentlich nur die Buttmandel, die mit ihren großen Kuhglocken, die sie sich um den Leib gebunden haben, einen heiden Lärm machen. Hat der Nikolaus die Kinder beschenkt, die Stuben wieder verlassen, beginnen seine Begleiter noch ein wilderes Treiben. Recht unsanft treiben sie Jung und Alt zur Tür hinaus und erst wenn alle draußen sind, verlassen sie das Haus und ziehen weiter. Das Buttmandllaufen führt uns recht eindrucksvoll vor Augen, dass sich in vielen unserer Adventsbräuchen noch Reste eines alten Dämonenglaubens erhalten haben. Die lärmenden Begleiter dienen keineswegs als Kinder Schreck, sondern sollen mit ihrem wilden Treiben nach altem Volksglauben böse Geister von Haus und Hof fernhalten.

DA FRANZL IM SACK

Dorfbursch'n wart'n hintam alt'n Stadl afn Huber Xaver, der heuer, wia alle Jahr, als Nikolaus geht. Er geht vo Haus zu Haus und beschenkt de kloana Kinda. Ganz finster is, weils noa koan Schnee hod, als plötzlich Schritte hör'n. Da Niglo min Sack voll G'schenka und seiner lang'a Zipflhaub'm geht vo'bei. Glei schleicht se da Franzl hintaher und holt sei Rasierklinga außa, de a en Geldbeut'l drinn hod. Er schneid't vo hint'n an Sack af und sche langsam kug'ln de G'schenka außa, ohne dass da Niglo wos merkt. Da Franzl glaubt's zamm und la'ft wieder hintan Stad'l. Doch wias grod G'schenker vo'daln, steht da Niglo do und hod an Franzl beim Krag'n, Schnell renna de andern vor lauter Schreck'n davo und bis se da Franzl umschaut, steckt a scho en Sack drinn. »I werd da helfa,« sagt da Niglo zu eahm, »de kloana Kinda d'G'schenka stehln, des machst ma bloß oamol aber koa zwoats mol. I wirf de en de alt Schwemm ei und do ko'st na schaua wiast vom Sack außakummst.« Doch so weit is net kumma, denn an Franzl is ei'g'fall'n, dass a d'Rasierklinga dabei hod. Schnell schneid't a an Sack af und rennt davo, wos seine Füaß grod hergeb'm. Und er is frouh, dass a a so davokumma is.

DA DETEKTIV

»Sie, Frau Vo'käuferin«, schreit da kloa Michl an da Kasse, »i ho do ent an Mo g'sehng, der hod en d'Hos'ntasch'n an Schmuck ei'g'schob'm.« »So, wou an?« sagt's. »Woat Bua, i geh mit.« Min Kaufhausdirektor und an Hausdetektiv kummas z'ruck und da Michl zoagt eahna an Mo, der grod in da Elektroabteilung steht, d'Händ en da Tasch'n hod und so duat, als lurat a scho wieda af ebs anders. Sie stell'n nan und übergeb'm nan da Polizei, de grod zu da Tür einakummt. Da Michl derf se dafür im Spielzeugeck hint drei schöne Weihnachtsg'schenka aussuacha. Er nimmt se a Auto, a Spiel und für sei kloane Schwesta a Pupp'n. A mort's Freud hod a und a jed's mol, wenn a mit seine Eltern wieda en da Stod war, hod a afpasst, ob a net wieda oan beim Stehl'n dawischt. Es is a richtiger Detektiv aus eahm word'n.

DER WEIHNACHTER

Früher war es noch Brauch, dass zu Weihnachten der Weihnachter geschlachtet wurde. Dies war eine schwere Sau, die mindestens fünf bis sieben Zentner wiegen musste. Man hat auch gesagt, »des is a Kernd'l g'fuatterte Sau.«

Das Schlachten erfolgte meistens ein paar Tage vor Heiligabend, dass man für Heiligabend eine frische Schlachtschüssel hatte. Es wurden gute und verschiedene Würste durch den Brandmetzger gemacht. Brandmetzger wurde der Hausmetzger bezeichnet, der aber vor allem Notschlachtungen vornahm. Ganz früher wurde die Sau beim Schlachten einfach festgehalten und mit dem langen Schlachtermesser ins Herz gestochen. Oft warfen sich zum Festhalten der Sau fünf bis sieben Personen auf die Sau, die natürlich mit einem Strick irgendwo festgebunden war. Erst später, vor allem aber nach dem zweiten Weltkrieg betäubte man die Sau zum Schlachten mit einer schweren Hacke, mit einem oder mehreren Schlägen auf den Kopf. Das Schlachten war ein großes Fest, wozu es auch immer das gute Kesselfleisch mit etwas Salz und selbstgemachtem Sauerkraut gab. Eine halbe Bier verschmähte hierzu niemand. Von diesem Festtagsbraten bekamen auch die Dienstboten, also die Ehehalten, ihren Teil für das Weihnachtsfest davon ab. Heute wird nur noch selten auf einem Hof geschlachtet.

VORWEIHNACHTSZEIT 13. DEZEMBER – HL. LUCIA

Am 13. Dezember, zwölf Tage vor Weihnachten steht im Namenstagskalender das Fest einer weiteren sehr volkstümlichen Heiligen. Es ist die heilige Lucia, Sie lebte in Sira Crus auf Sizilien und wurde um das Jahr 300 getötet, weil sie nicht vom christlichen Glauben ablassen wollte. Nach der Überlieferung soll sie besonders schöne Augen gehabt haben, mit denen sie die Liebe eines heidnischen Verehrers weckte. Sie aber hatte sich für die Jungfräulichkeit entschieden. Als sie ihrem Verehrer eine Absage erteilte, ließ er sie durch den römischen Stadthalter verfolgen. Er steckte sie sogar in ein Freudenhaus und ließ sie mit siedend heißem Öl übergießen. Als sie dabei aber unversehrt blieb, befahl er sie mit dem Schwert zu töten.

Auch um diese Heilige rankt sich manche Legende. Schon bald nach ihrem Tod wird sie in Italien, Spanien und Frankreich und seit 1000 Jahren auch in unserem Land verehrt. Wegen ihrer schönen Augen machte man sie zur Helferin bei Augenkrankheiten. Zur Patronin erwählten sie auch die Glaser und Messerschmiede, die Kutscher und Sattler, die Weber und Näherinnen. Dargestellt wird die beliebte Heilige meist mit einem Schwert, das ihr durch den Hals gestoßen wird. Oder auch auf einer Schale, auf der ihre beiden Augen liegen, die sie sich nach der Legende selbst herausgerissen haben soll, um sich so ihren Verehrern zu entziehen. Das Brauchtum des Lucientages hängt weniger mit dem Leben der Heiligen, als vielmehr mit dem Termin ihres Festes zusammen, denn bis zur Einführung des gregorianischen Kalenders, im Jahre 1582, war der 13. Dezember der kürzeste Tag des Jahres. Noch im letzten Jahrhundert sagte man deshalb in Tirol, Sankt Lucen mag den Tag stutzen. Nach dem Lucientag, so wusste man, beginnt das Tageslicht wieder zu wachsen. Das Lucienfest war der Tag der Wintersonnenwende. Dunkelheit und Licht kennzeichnen also die Lucia. An die Lichtbringerin erinnert bei uns ein alter Brauch der erst nach dem zweiten Weltkrieg wieder neu belebt wurde. In Fürstenfeldbruck, bei München, bringen am Abend des Lucientages die Schulkinder selbstgebastelte Modelle von den Häusern ihrer Stadt in die Kirche und dann an die nahe Amper. Dort werden die mit einer Kerze erhellten Lucienhäuschen in das Wasser gesetzt, wo sie auf der Strömung dahintreiben, bis sie von den Wogen hinweggespült werden. Im Volksglauben wurde die ehmals längste Nacht zu einer richtigen Losnacht. Wie in der Andreas- und Barbaranacht suchten die Mädchen auch in dieser Nacht die Namen ihres Zukünftigen zu erfahren.

Reiner Aberglaube war auch die Vorstellung, dass es in der längsten Nacht des Jahres die Geister und Dämonen besonders wild treiben. Und so begegnen wir in dem Brauchtum der Luciennacht recht unchristlichen Züge, die im Ursprung der Furcht unserer Vorfahren vor feindlichen Dämonen haben. Die Gemeinsamkeiten mit Lucia der Heiligen des Lichts, hatte einst die »Schiache Luc«, die am Vorabend des 13. Dezember in der Oberpfalz und im Bayrischen Wald ihr Unwesen getrieben hat. Die »Schiache Luc«, mancher Orts auch Lucelfrau genannt, eine Schreckgestalt, die böse Geister abwehren und auch unartige Kinder disziplinieren sollte. Begleitet, mit zerlumpten Gewändern und hässlichem Gesicht und ungepflegtem Haar rannte sie durch die finsteren Gassen, stieß die Türen auf und rannte in die Stuben. In der rechten Hand hielt sie eine Sichel mit Wetzstein und fuchtelte damit herum. In manchen Gegenden der Oberpfalz leierte das blutrünstige Weib immer wieder den Spruch herunter. Ein Mölterl (dies ist ein Milchgefäß aus Ton) voll Bluat und a Schüsserl voll Darm. Leider hat die Schiache Luc immer wieder dazu herhalten müssen, um Kinder zu erschrecken. Und so hat man es kaum bedauert, dass dieser Brauch, der eindeutig heidnischen Ursprungs ist, in Vergessenheit geraten ist.

WEIHNACHTSSTAU

All's is scho hergricht,
d'Liachta brenna am Bam
draußt en Goart'n
es is wia ra Tra'm.

Da Wind schauk'lt d'Liachta,
all's is grasgrea,
da Schnee is zu Wassa
und wird abl mehr.

Überall is Hochwassa,
da Verkehrsstau is kilometerlang,
übernacht hab'ms en de Auto
im Weihnachtsautostrang.

Am heilig'n Abend Angst hab'm,
vorm Hochwassa, Erdrutsch und Stau,
weils alle fort woll'n,
des is ma zu flau.

Liaba zum Fensta außeschaug n,
horcha, wias rengt,
und sche sei Ruah hab'm,
des is mei Leb'n.

EBS IS DRO

En Gart'n is all's weiß,
da Christbam is ganz g'starrat g'fror'n,
seine Ast'l san voller Eis,
bloß Christbamliacht'ln macha eahm warm.

Er strahlt en d'Nacht auße,
zwisch'n Eiszapf'n und Schnee,
vielleicht bis zum Kind en Himml,
war'an des net sche.

Wenn aitzt dei Liab mit außegeht,
vielleicht kummt mehra z'ruck,
wer woaß scho wo's herkummt,
weil's goa ra so ens Herz einedruckt.

Und wennst na viel davo host,
gib's dene, de nix g'spür'n,
vielleicht duat se na bei dene,
a ra biss'l ebs rühr'n.

WARUM ABL KAFA

Selb'a a boa Ast'l a'schneid'n
vom Tannabam,
a davo schmecka,
des is a Tra'm.

Na no sche zammbind'n,
mit a na Schnur oder an Draht
und d'Kerz'n afestecka,
schöne, wenn mas hod.

Af d'Nacht na alle umehocka,
im Advent
und a boa G'schicht'ln vo'zähl'n,
wenn's Liachtl so sche brennt.

A Liab ens Herz schick'a,
deine Kind'a in da festlichen Zeit
dass eahnane Aug'n leucht'n
und se' Herzerl recht freut.

Denn d'Freud af Weihnacht'n,
geht am erst'n Advent o,
do freut se all's,
d'Kind'a, s'Weib und da Mo.

HEILIG ABEND

»Du Res'l, i geh aitzt min Reserl und an Franzl zum Fuad'an en Stall ume und du ko'st da'weil d'G'schenka untan Bam leg'n und s'Ess'n herricht'n.« »Is scho recht«, sagt's, »geht's no ume Franz, vo'gesst's aba de g'weiht'n Kräut'a und an Brotkuacha net!« S'Reserl nimmt de g'weiht'n Kräut'a und da Franzl an Brotkuacha. Wias en Stall einegehnga schaua d'Viecha af, als wisst'ns scho, dass heut am Heilig'n Abend wos b'sonders gibt. Sie gehnga zu de Küah, Ochs'n, Rössa, ja sogar zu de Sau, Hühner, Gäns und Ent'n und a jed's griagt a Breckerl vom Brotkuacha und vo de Kräut'a. Des fördert's Wachstum, d'Fruchtbarkeit und d'G'sundheit. Dazua gibt's für d'Ross no a Händ voll Hafer und für alle andern a Händ voll Bruch. »Du Franzl,« schreit sei Vata, »dal da fei s'Brot ei, dass für alle langt!« »Scho Vata«, moant er und bricht wieda a Breck'l aba. Da Bauer schaut scho umananda und überlegt, wo a se heut um Mitternacht hilegt, dass a seine Ochs'n red'n hört. Wias min Fuad'an na fertig san, gehngas wied'a end Kuchl ume. Da Bauer freut se, dass seine Kinda no soviel für des Brauchtum übrig hab'm. Wias na am Tisch hocka, stehna scho de hoaß'n Würst mit Kraut am Tisch. Denn erst griagt s'Viech sei Fress'n und na sie selber, so hods sei Vata scho g'halt'n und er kennt's net anderst. Nach'n Ess'n gehngas en de guade Stub'm hinte, freun se übern schöna Christbam, packa ihre G'schenka aus und freun se, weil s'Christkindl wieda wos bracht hod.

VORWEIHNACHTSZEIT 21. DEZEMBER – HL. THOMAS

Sein Namensfest wird am 21. Dezember gefeiert. Er war ein Jünger des Herrn und ist uns vor allem als der ungläubige Thomas vertraut, der bekanntlich zunächst nicht an die Auferstehung Christi glauben konnte.

Wie die Andreas-, die Barbara- und die Luciennacht war früher auch die Thomasnacht voller Geheimnisse. Fällt doch das Namenstest des Heiligen auf den kürzesten Tag des Jahres, auf die Wintersonnenwende. So verwundert nicht, dass die Thomasnacht als die längste Nacht im Jahr, nach altem Volksglauben, voller Rätsel war. Und so entstanden rund um die Thomasnacht alte Bräuche, die uns heute unverständlich erscheinen. Auch in dieser Nacht glaubten so manche Mädchen etwas über ihre Heiratschancen zu erfahren mit Bettstatttreten und Pantoffelwerfen. Um das Böse zu vertreiben, räucherte man in der Thomasnacht die Wohnräume und Stallungen aus, mit Glut in der Pfanne, in die man Kräuter oder Wacholderbeeren geworfen hat. Denn die Thomasnacht zählt zu den zwölf Rauch- oder Rauhnächten. In diesen Nächten tobte nach der Überzeugung unserer Vorfahren auch die wilde Jagd das Geisterheer übers Land.

Es sind recht finstere Vorstellungen, mit denen wir unseren Gang durch den Advent beenden, sie gehören aber ebenso zum Advent, wie die Heiligen, die uns hinführen zum Licht der Heiligen Nacht.

STAAD IS WORD’N

Endlich is d’Zeit staad word’n,
am erst’n Weihnachtsfeiertag,
all’s is vobei,
de Hast, de Hetz, de Plog.

Man muass d’Leut vo de G’schäft’a
außesperr’n,
sonst fahrat’ns sogar heut en d’Stadt,
zum Eikafa, zum Hetz’n und Plärr’n.

Man sehgt fast koa Auto,
Kirch’nglock’n läut’n zamm,
d’echt Ruah is aitzt ei’kehrt,
weil ma de staade Zeit aitzt do hab’m.

Drum is da Sonntag,
a heiliga Dog,
wenigst’ns z’ Weihnacht’n,
is na wenga Plog.

DA CHRISTBAUM

A douda Bam
liegt aitzt en Gart'n,
all's ho i eahm g'numma,
er hod sei Arbat do
und scho is um eahm g'schehng.

Soviel Freud hat a g'macht,
g'leucht wia ra Stern,
doch wenn d'Aufgab erfüllt is,
bleibt bloß no s'Sterb'm.

Irgendwann is a na fort,
vo'gess'n wos a war,
bis s'gleiche wieda g'schiehgt,
im nächst'n Jahr.

A so san mir Mensch'n,
mir nehma uns wos uns g'fallt,
doch oana nimmt a uns,
ob jung oder alt.

WEIHNACHTEN BIS HEILIG DREI KÖNIG

So wia's a Sommerwende gibt, gibt's a ra Winterwende wo d'Tag wieder länger werd'n. Aitzt san die Rauhnächte, wou d'Hex'n, Dämonen, d'Habergeister, d'Haberfeldtreiber und die Rauhwuckerl unterwegs san, damit's mit viel Lärm an Winter austreib'm. Man hod g'sagt, es soll das Hören und Sehen vergehen. Man hod a en dera Zeit net wasch'n oder gar a Wäsch afhänga derfa, des hod a grouß Unglück bedeut. Man hod a net Stricka und Flicka derfa, denn sonst naht ma de Henna d'Löcher zua und sie leg'n koa Eier mehr. A Stamperl Schnaps hod en dera Zeit dafür g'sorgt, dass ma en ganz'n Somma vo koan Insekt g'stocha word'n is.

Es is a s'Heilig-Drei-König-Wassa g'weiht word'n, desa b'sonders grouße Wirkung hab'm soll. D'rum wollt a beim Außaschöpfa aus'n Weihwassakess'l a jeda da Erste sa, denn af da Höh war s'stärkere Wassa. Des is wia bei da Milch, do is ada Rahm ob'm d'raf. Die Sternsänger san a mit Weihrauch, Myrrhe und Kreide umherzogn und hab'm an d'Tür g'schrieb'm C-Caspar - M-Melchior - B-Balthasar wos hoaßt: Christus segne dieses Haus, dass koa Unrecht geht ei und aus. Es ist auch das Bannzeichen gegen den bösen Feind und alle Unholden.

Früher san vor all'm die Salzschiffer als Heilig-Drei-König umherzog'n und hab'm se ihr'n Lebensunterhalt vo'dient, denn sie hab'm im Winter koa Arbat g'habt. Früher hod ma z'Weihnacht'n no beicht und do is a ra mol passiert, dass de alt Weiblingeren a zum Beicht'n ganga is. Wias en Beichtstuhl drinn kniat moant's, dass net da Pfarra sondern da Teuf'l en Beichtstuhl hockt. Sie hod an ganz schwarz'n g'sehng und is beim Red'n abl leiser word'n. Do's sowieso überall geistert und weitzt, ko des bloß da Teuf'l sa, sagt sa se und geht wieda ause. Wias es na de Leut vo'zählt, sog'n de zu ihr, dass als Aushilfe a schwarza Kaplan do is, doch sie hod se des net ausred'n lass'n, dass sie an Teuf'l beicht hod. Die Heilig-Drei-König san a die Schutzpatrone der Reisenden, wos doch selber so weit ganga san, dass des Kind'l g'sehng hab'm. Man hod a ra Dreikönigsalz g'weiht und jemanden mit auf den Weg geb'm. Früher hod ma sogar Salzplatt'n oder Salzstoa an d'Tür g'nag'lt und jeder der vo'reist is, hod se a Breck'l Glücksbringer ababrocha. S'Salz war net bloß heilig, sondern a s'Leb'm. Es war a no Brauch, dass ma a Salz en vier Pfanna ei'do und übers Feuer g'stellt hod. Do hab'ms sa se na alle umeg'hockt und d'Füaß drüber g'halt'n. Man hod g'sagt, d'Füaß übern Salz gräuchert. Es hod Krankheit'n fern g'halt'n und man hod dann b'sonders guad geh und weit wandern kenna.

HEILIG-DREI-KÖNIG

Vor Einbruch der Rauhnacht is an's Räuchern ganga. A Holzkohl'n aus'n Backofa is ins Kohl'nbüg'leis'n ei'kumma und grod wia d'Ministrant'n min Rauchfassl hab'ms eahna Bügleis'n gschwunga. A helle Gluat hod's geb'm und d'Weihsauchwolk'n san afg'stieg'n dass grod a Freud war. Mit'n Drei-Kini-Wassa en an irdan Haferl und mit da Kreid'n is de ganz Hausg'sellschaft na loszog'n. Vom Bod'n bis zum Keller, in alle Stub'n, Ställe und Schupfan, in Stadl, überall is d-Heilig-Drei-Kini-Weich ausg'sprengt und g'schrieb'n word'n. An Seg'n hab'ms erfleht für Haus und Hof, für Viech und Mensch. S'Viech hod no a g'weicht's Brout und Kräuta griagt; und an die Türen, Käst'n und Truhen is o'gschrieb'm word'n CMB, also Caspar - Melchior - Baltasar, wos hoaßt, Christus segne das Heim. Da Holzweber Kaspar hod g'moant, de drei Buchstaben bedeut'n - »Kaspar mogst a Bier.« Die drei weitgereisten Könige gelten als Patrone der Reisenden und Wallfahrer. Weil man früher viel zu Fuß gereist ist, wurden auch die Füße beräuchert. Man hat sie natürlich erst ordentlich geschruppt und dann übers Weihrauchpfandl g'halt'n und damit san's g'stärkt gwen für alle Wanderungen des Alltags. »Es gibt nix bessas als ebs Guadd's«, des war an Freiheit'n Toni sei Leibspruch, ebs Guad's, des san af de ländlich'n, bäuerlich'n Speisezett'ln de Krapfa, de grouß'n Auszog'na. Öfter im Jahr hod's es geb'm, am Faschingstanz, zum Drischlmahl, zur Kirta und zur Rauhnacht und Drei König. A so a Rauhnachtsnudl, goldgelb, frisch aus da Schmalzpfanna, des is a rar'a und d'rum a beachtlicher Genuss. Mir Buab'ma hab'm nan uns vo'dient g'habt, nach Drei Kiniweich'n, da eiskalt'n Kircha und dem langa Kirchaweg.

A Mannsbild hod mit seine stämminga Arm hermiaß'n zum Toag schlog'n, en da groaß'n, weit'n Schüss'l und de Backbretta san vollg'richt word'n mit Rauhnachtskrapfa. Es hod a no oan zum Kaffee geb'm wenn Rauhnachtsgänga net de Letzt'n fort hab'm. De halbe Nacht warn's unterwegs, de Rauchnachtsgänga, de meist arme Leut warn. Sie san vo Haus zu Haus zog'n und af da Gret, vor da Haustür, hab'ms g'sunga vo de Drei Heilig'n Könige, vo Maria, Josef und dem Christuskind. Sie hab'm mit dem Dreikönigsliad beschlossen, mit dem Volkssegen, soweit dieser Hall klingt, dass net schauert und net brennt. Oft is aba a des Liad rabiat beschlossen word'n und es hod na g'hoaß'n, »Krapfen heraus, oder wir schlag'n eng a Loch ens Haus und wenn's uns wos geb'm wollt's, na gebt's es uns bald, denn do af da Gret, is as Singa z'kalt.«

Sehnsüchtig hab'm ma als Kinda af de Sternsänga g'wart und unsane Nas'n an de g'fror'na Fenstascheib'm onedruckt, denn allaweil auße und eina, des hod unsa Großmuatta net g'lied'n. »Mir hoazn doch an Kachlofa net für draußt«, hod's g'moant. Na san de Erst'n aus dem Schneetreib'm aftaucht und san mit eahnane, mit Sternd'l behangane Nachthemd'n, Pappkronen am Kopf und d'runter a Zipf'lhaub'm vor da Haustür g'stan'a. Sie hab'm eahnane Sprüch g'sagt oder g'sunga und d'Mutta is mit de Rauhnachtsküch'l und etlich'n Nick'ln kumma. Die Heilig'n Drei hab'm Dank'sche g'sagt und hab'm se wied'a am Weg g'macht. Mir Kinda hab'm na nacheg'schaut, bis en da Dunk'lheit vo'schwund'n san. A'mol war's scho Nacht, do hab'm die Mannerleut draußt s'singa o'g'fangt und da schwarze Mohr hod am Stangl an beleucht'n Stern mittrog'n. Do hab'm ma vielleicht d'Aug'n afg'riss'n. I glaub, er war mit da Karbidlamp'n beleucht.

S'HEILIG-DREI-KÖNIG-WASSER 6. JANUAR – HEILIG DREI KÖNIG

Nach der Weihe des Heilig-Drei-König-Wassers, des ja b'sonders wirk'n soll, dräng'ln alle Leut mit ihre Gefäße fire, denn a jeda will vom oberen Wassa schöpfa, weil des b'sonders wirkt. Doch d'Lausbuab'm mit eahnane Haferl drängl'n se fire und schiab'n de Kirchaleut af d'Seit'n. Af oamal wird da kloa Xaverl, wia ra grod außaschöpft, en Weihwassakess'l eineg'schubst. Alle san so daschrocka, dass plötzlich meiserl staad word'n is. Am nächst'n Dog hod scho s'ganze Dorf g'wusst, dass da Xaverl ens Heilig-Drei-Kini-Wassa g'fall'n is und sie hab'ma vo'zählt, dass da Xaverl bestimmt a'mol a Pfarra oder a Dokta wird, wechan Heilig Drei Kini Wassa, und tatsächlich soll er a'mol da Pfarra vo dem Dorf word'n sa.

LUKAS ANEKDOTE

A'mol is da Lukas wieda en Wald um a schön's Moos auße, doch es war all's so zuag'schneit und g'fror'n, dass a nix g'funna hod. So hod a halt a schöne Schneekripp'n g'macht. Sche hat as mit Kunstfaser herg'richt, dass se sogar da Lehra mit de Schulkinda o'g'schaut hat. Dass ja recht sche wird hat a no Sternd'lwerfa drog'hengt und dass a sehgt, wias wirkt hod as o'zund'n. Doch plötzlich hat s' ganze Kripperl brennt, dass ma sogar an Rauch zum Fensta auße g'sehng hat. Schnell hod a sein Wassaküb'l drüberg'schütt und Gott sei Dank is net mehr passiert, doch min Krippn o'schaung is en dem Jahr nix word'n.

WEIHNACHT' – WARUM RENNST DE ABE?

Zuageh duat's en da Stod,
alle renna umanand.
Sie hetz'n und hast'n
wecha dem biss'l G'wand.

G'schenka werd'n ei'ka'ft,
als dat's morgen nix mehr geb'm.
Doch wos is mit dem Kind'l,
dem weihnachtlich'n Seg'n.

Da Handl schreit glei,
wenn z'weng ei'ka'ft wird,
weil halt des G'schäft'l
ned a so blüaht.

Do sagt doch oane im Fernseh,
o'mei, wos san scho 80.000 Euro,
des is doch ned viel.
Des klingt wia ra Hohn,
mit dem geldig'n Spiel.

So reich sa,
des macht heut all's kaputt,
an Anstand und Charakter,
des is doch vo'ruckt.

Doch af oamol passiert's,
do kummt für an jed'n sei Zeit,
wou a Rech'nschaft a'leg'n muass,
des is halt sei Leid.

Do zählt na koa Euro mehr,
koa Reichtum und Schmuck,
denn eah ko nix mitnehma,
all's bleibt do herunt z'ruck.

DE ZWOA CHRISTBAM EN DA KIRCHA

»I ho ma net denkt, dass mir zwoa so schöne Christbam werd 'n, do en da Kircha herin, wias uns a'g'schnien hab'm,« moant da Tannabam. »Ja, ja«, sagt da andane. »Wia sche dass ma g'schmückt word'n san. So schöne Liacht'ln, Kugl'n und Sterndl hab'ms uns one g'hängt. Bloß schad is, dass ma sterb'm müass'n, weil's uns a'g'schnien hab'm. Net a'mol a Wassa hab'ms uns zum Dringa geb'm.« »Naja, vielleicht, geht's bei uns a ra so wia bei de Mensch'n«, moant aitzt da andane. »Am Altar vorn steht a kloans Kripperl min Jesuskindl drin und a Pfarra hod letzting beim Gottesdienst g'sagt, dass Kindl alle Mensch'n vom ewig'n Doud erlöst. Schau, mir müass'n sterb'm wia all's af dera Welt aba vielleicht ko des Kindl uns a ra mol braucha.« »Ja, des war sche«, moant da andane, »man muass bloß dro glaub'm wia d'Mensch'n.« »Woaßt, i glaub, dass dem Kindl nix auskimmt, net a'mol mir. Also, hod unsa Sterb'm a ran Sinn wia beim Mensch'n. Mir müass'n erst unsa Aufgab erfüll'n, dann sterb'm ma und vielleicht geht's hernach bei uns a ra so weida, des is unsa oanzige Hoffnung, drum is as Sterb'm net so schwar.«

A'SCHNEID'N ODA LEB'M LASS'N

Es is schod, wenn en a'schneid,
den schöna Tannabam,
Er ist doch noch so jung
und grod en schönst'n Tra'm.

Er is ja so sche grod g'wachs'n
und voll en junga Leb'm.
Er will halt a no do'bleib'm
und mit de andan Bam red'n.

Vielleicht geht's eahm bessa,
wenn es eahm sog,
dass a mit schöne Liachta und Schmuck
an schöna Christbam macht.

I glaub, i grab nan doch aus
und lass eahm an Ball'n dro.
Do freut a se am meist'n,
denn er kummt mim Leb'm davo.

So ko a weida wachs'n
und sei Aufgab erfüll'n.
I glaub, dass a des Kindl
bestimmt a ra so will.

GEDANKEN ZU WEIHNACHTEN

Aitzt zu Weihnacht'n war halt de richtige Zeit zum Nachdenga. Vielleicht bist mit deim Nachbar'n wieda guad und gibst eahm d'Händ. Du kannst aba ra dei Familie wieda in Ordnung bringa. Geh zum Muatterl oda Vatan ume und schau wias eahna geht. Sie könna vielleicht nimma vom Häus'l außa oda traun se net. Schau ruhig a'mol nach, obst eahna vo eahnane Sorg'n ebs weg do ko'st. Oft is a kloane Hilf mehr wert als da Reichtum. Nimm's a'mol zum Eikafa mit, min Auto oda im Rollstuhl, dass wieda ebs sehng. Du brauchst bloß schaua, ob ab und zu da Vorhang wach'lt, wenn's außalur'n und sich net außa traua. Vielleicht ko'st a no anderst helfa, wenn de dei Geld druckt, des duat deina Seel bestimmt a guad. Wos moanst, wia schnell des geht, na geht's da genau a so. Man braucht bloß afpass'n, wia schnell dass't alt und klapprich bist. No schnella geht's, wenn de dei Wohlstand druckt, weil'st nix mitnehma ko'st. Wou hi a? Do unt wennst bist, stehst vor deim Richta und glaub mas, an dem kummt koana vo'bei, net a'mol du. Des is Weihnacht'n und net umananda-rump'ln und überleg'n, wo'st dein Reichtum vo'stecka sollst. Da Reichtum is da Mensch, wenn a ebs taugt und Z'fried'nheit, na bleibst a g'sund und all's is recht en deim Leb'm, na kummt a koa Angst af. Warum a?

NUR NO STRESS

En da Stod geht's zua,
do find'st nirgends dei Ruah.
Alle rump'ln umanand,
grod dräng'lt wird, vo Stand zu Stand.

Es gibt heut soviel Sach'n,
Gschenka grod g'nua.
Spielsach'n für'd Kinda
und a Uhr für'n Bua.

Für d'Frau a Schmuckstück
und für mi a boa Schuah,
na hock a me a biss'l nieda,
denn dräng'lt wird g'nua.

Wenn e na all's beinanda ho,
fahr e wieda hoam,
denn do is am schönst'n,
und es geht nix vo'lor'n.

Müad bi i g'scheit,
als war e scho drei Dog en da Stod,
na wird da Christbam no herg'richt,
des is de nächste Plog.

Doch i ho wos vo'gess'n,
d'rum fahrt mei Frau nomol ei.
Sie ka'ft an Rest,
a des muass a so sei.

ANGST VORM NIGLO

Da kloane Peterl suacht se am Nikolausabend, bevor's dunk'l wird, en Schupfa ent an Hamma und Näg'l. Er geht damit hinta's Haus zum Gart'ntürl und nag'lt's g'scheit zua. Seine Eltern hör'n zwar as Hämmern, da aber da Peterl jed'n Tag irgendwos hämmert, denk a sa se nix dabei. Wichtig is an Buam, dass a Niglo vo nirgends en Hof eine ko. S'Gleiche macht a no vorn am Hoftürl und Hoftor. Danach ra'mt a sei Werkzeug wieda af. Er bleibt aba no en Hof draußt, denn es kannt'n ja wer frag'n, wos a umananda g'haut hod. Da sei Vata vorig's Jahr g'sagt hod, dass da Niglo de bös'n Kinda en Sack eine steckt und en Weiher ei'wirft und er a ra boamol recht bös war, hod a dafür g'sorgt, dass der net en Hof eine ko. Wia na af d'Nacht da Niglo am Hoftürl steht und sehgt, dass zuag'sperrt is, wia ra moant, geht der zum nächst'n Hof weida. Als d'Eltern merka, dass heua da Niglo net kummt, san's scho a biss'l verwundert, weil a ja b'stellt war, aber der wird halt z'viel Arbat hab'm. Da Peterl hod se heimlich und leise scho ens Bett vo'druckt und duat als ob a scho schlaf'at. Sei G'wiss'n hod'n scho a biss'l druckt, doch d'Hauptsach is, er kummt net en Sack ei. Als sei Vata am nächst'n Morg'n zum Hoftor auße will, sehgt a, dass all's zuag'nag'lt is. Aitzt woaß a ra was gestern af d'Nacht des Hämmern bedeut hod. Wia ra na bei seim Buam is, sagt a zu eahm: »Na Peterl, dei Arbeit war wohl gestern recht erfolgreich! So und aitzt gehst en Schupfa ume und holst da a Beißzang und an Hammer und ziagst alle Näg'l wieda außa, de wo'st gestan ei'g'haut host. Anschließend machst as alle wieder grod und duast all's wieda do hi wo'st as her host!« Es is bloß guad, dass a d'Näg'l net ganz eine'g'schlog'n hod, sonst hätt as nämlich nimma außa bracht. An ganz'n Dog hod'n sei Vata hämmern g'hört. Da Peter woaß, dass a so schnell koan Nagl mehr irgendwou ei'haut.

S'PLATZ'L BACHA

Wir Kinda freu'n uns, als unsa Oma sagt: »Liabe Kinda, heut back ma Platzl und an Weihnachtsstoll'n!« Glei holt's die noutwendig'n Gewürze fira und mir hab'm an Toag knet'n und forma derfa. Als da Toag en da Form is, lasst'n d'Oma no a biss'l steh und geht auße. Mir Kinda hab'm schnell a Idee. Mir nehma zwoa Zimtstanga und steckas en Stoll'n ei. Schnell hab'm ma des Loch zuag'macht, so dass nix merkt. Aitzt is a d'Oma scho wieda einakumma und stellt'n en d'Ofaröhrn ei. Plötzlich sagt d'Oma: »Do ho e doch z'viel G'würz en Stoll'n ei'do, weil aso stark riacht.« Mir hab'm aitzt schmunz'ln müass'n, doch bald war da Stoll'n fertig und am Tisch ob'm. Unsa Vata hod a jungs Eichkatz'l afzog'n, des beim Bacha abl mitg'nascht hod. Nach a ra Zeit sehg e, dass s'Eichkatzl a Zimtstang vom Stoll'n außazog'n hod. Mir san vielleicht daschrocka, doch d'Oma hod's Gottseidank net g'sehng und so hab'm mir mim Platzltoag s'Loch schnell wieda zuag'macht. Sie hod se halt net erklär'n könna, warum da Stoll'n so stark nach Zimt schmeckt. Mir hab'm halt no des Problem g'habt, dass ma de zwoate Stanga no außa bringa, ohne dass ebs merkt, doch da G'schmack is blieb'm und bloß d'Großmuatta hod des all's net vo'stana, wiaso da Stoll'n nach Zimt schmeckt.

D'AUG'N AF'MACHA

Wia guad das doch is, dass des kloane Kindl für uns af d'Welt kumma is. Man muass scho dro glaub'm, dass net all's vo selba kumma is. Irgend ebs Guad's wird's vo uns scho braucha könna. Des merkt ma am best'n, wenn ma vo'zweif'lt.

Wenn dei Kind oda a liaba Mensch vo dir geh muass. Do wennst koan Glaub'm hättst, do gangst tatsächlich unta. Doch de Hoffnung, de Liab, dass des Kindl vo uns wos braucha ko, des hilft da halt doch, denn vo nix kummt nix.

Vielleicht derf ma's alle wieda ra mol sehng. Wou ma doch soviel Schön's, Wärm, Liab und G'fühl dalebt hod. A so a göttlich's Wes'n soll einfach wegg'worfa werd'n. Null sa, na des ko's net geb'm. Sowos gibt's net a'mol en da Natur. Oft g'spürt mas, dass no do san und man freut se und hofft, denn d'Hoffnung stirbt af d'letzt af dera Welt.

A NEU'S RADL

Liab's Christkindl:
Aitzt schreib a da halt scho s'dritte Jahr hintarananda an Briaf. Vielleicht griag e des Mol a ra neu's Fahrradl, denn zwoamol ho es net griagt. I woaß scho, dass't as an Franzl ent bracht host. I glaub, den host as geb'm, weil's an viel an größan Hof hab'm wia mir. Woaßt, mir hab'm bloß a so a Frett'n und vielleicht g'fallt da dene eahna Hof bessa als da unsane.

Aber aitzt is ma eh scho wurscht ob e oans griag oda net, weil da Franzl g'sagt hod, wenn a heua wieda a neu's Radl griagt, nacha schenkt a ma sei alt's, na brauch e s'Dei a net, bloß dass't as woaßt.

DA SCHIAFE CHRISTBAM

Drei Christbam stehna en mein Gart'n. Sie san alle drei recht schiaf g'wachs'n. I ho ma na an grodan a'g'schnien. »Dua ma ja nix a'schneid'n vo da Läng,« sagt mei Frau, »sonst wird a ma z'kurz.« Grod des unterste Stückl is recht schiaf und so spann en halt einigermaß'n grod en Stända ei. Also, unt'n schiaf, dafür obm einigermaß'n grod. Na hod'n mei Frau o'g'hängt und mir is dabei glei afg'fall'n, dass da Bam abl schiafa wird. I ho sowieso zuag'schaut, denn wenn i ebs onehäng, na is bestimmt falsch. Sche langsam is da Bam voll word'n und a abl schiafa und schiafa. I sog zu meina Frau: »Reiß halt an Bam net a so umananda, sonst fallt a glei um!« Und sie schreit: »Na mach'n s'nächste Mol g'scheit o. Wenn a umfallt wirf en auße, dass't as woaßt, na is a Ruah.« »Wia soll i an so an schiaf'n Bam a grod o'macha,« schrei i aitzt dazwisch'n, wia d'Nachbarin für d'Tür eina kummt. »Hebt's a'mol alle zwoa an Bam sche grod af d'Höh, na probier es no'mol, dass en g'scheit hi'bring.« I leg me wieda am Bod'n hi, druck d'Äst ausananda, dass e ebs seh'g und spann an Baum neu ei. Wia re afsteh, sehg e, dass da Bam aitzt glei no schiafa do steht wia davor.

»Ja sagts a'mol, sehgt's an es zwoa net, wos schiaf oda grod is,« schrei e aitzt. Also i leg me nomol obe, dua d'Äst wieda ausananda, dass e ebs seh'g und mach'n nomol fest. Erst muass ama dann Tannanad'ln vom Hals auße schütt'ln und weil da Bam scho wieda schiaf wird, druckt mei Frau an Christbam, der af an Rollwagl obm steht ens Eck ei. Sie stellt s'Kripperl davor, so dass a nimma fira roll'n ko und sagt: »So, so bleibst aitzt schiaf steh und wennst umfallst, na wirf a de auße und wennst steh bleibst, derfst bis Heilig-Drei-König herin bleib'm.« Doch mit da Zeit ho a me dro g'wöhnt, denn so schlecht schaut a goanet aus. Er liegt halt zum Sterb'm o'g'loant en Eck, weil a a'g'schnien word'n is, aba sche is a trotzdem, wenn a ra sche schiaf is.

ALL'S PASST ZAM

Es is scho glei Heilig Abend und draußt hab'm ma abl no acht Grad plus. Koa Schnee und Frost is en Sicht. Gänsbleamerl und Christros'n blüahn und vo a weiß'n Weihnacht sehgt ma koa Spur. Doch d'Leut rump'ln genau a so umananda und hetz'n se obe, denn G'schenka müass'n her, obs Geld langt oder net. Notfall's werd'n halt Schuld'n g'macht und Insolvenz o'g'meld't, denn des is heut all's erlaubt. So hört mas heut sog'n. A wenn d'G'schenka nach a boa Wocha koana mehr o'schaut.

Naja, i werd halt a'mol en Himm'l ob'm o'ruafa, ob ma Weihnacht'n net en Januar oda Februar vo'leg'n derfa, denn na hätt ma vielleicht wieda ra'mol a weiße Weihnacht.

DIE HEILIG'N DREI KÖNIGE – DE KLOANA HELD'N VOM DORF

Als die Heilig'n Drei Könige im alt'n Dorf umherziang, hab'm's grouße Schwierigekeit'n, denn es hod fast an halb'n Meter g'schneit. Müahvoll stampfas durch'n Schnee und als dann nur no oan grouß'n Einödhof weit draußt vorm Dorf hab'm, überleg'ns, obs überhaupt dort hi'geh soll'n. Doch sie kumma zu dem Entschluss, dass ja bis aitzt imma dort war'n und guad bewirtet word'n san. So macha sa se auf den schwierig'n Weg. Langsam und müahvoll stampfas durch den houha Schnee. Als d'Hälfte vom Weg z'ruckg'legt hab'm, schreit da kloa Franzl: »I ko nimma!« Naja, a Stückl kummas na no weida und dann merka alle, dass den Weg bis zum Hof nimma schaffa. Sie stecka regelrecht am halb'n Weg fest. Aitzt wird berat'n, obs weidageh oda umkehr'n soll'n. Doch erst tret'ns a Schneemulde nieda und macha a kloane Rast. Sie hocka und kuscheln vor lauta Müadigkeit und merka goanet, dass ei'schlafa. Da Einödbaua woaß aba, dass heut no de Heilig'n Drei Könige bestimmt kumma.

Als na scho finsta wird macht a se af'n Weg, vo wo's sonst abl herkumma san. Er plagt se mit seine Schneetreter den Weg entlang und als a scho umkehr'n will, sehgt a weida vorn irgend ebs lieg'n. Als a hi'kummt erkennt a glei, dass de Heilig'n Drei Könige san. Glei weckt a de zamm'kusch'lnd'n Gestalt'n auf und »Gottseidank« war nix passiert, weils halt net so kalt war. Er hod's glei beruhigt und nimmt an Jüngst'n af'n Arm, geht voraus und stampft an Weg einigermaß'n frei. Bald erreichas na an Hof und nach a kloana Stärkung wird as Haus, Hof und Stall ausg'räuchert und mit Weihwassa ausg'spritzt. Na schreib'm's no o, »K-M-B«, wos hoaßt, »Herr segne dieses Haus«. Der Bauer bedankt sich bei den Kindern und sagt: »Ihr bleibt's aitzt do am Hof und i geh ens Dorf obe und sog engane Eltern Bescheid, wos sat's!« Am nächst'n Dog war'n na alle wieda dahoam und s'ganze Dorf hod scho g'wusst, wos passiert war. Sie war'nna de kloana Held'n vom Dorf.

WEIHNACHT'N IS UME

Weihnacht'n is ume,
die Umtauschaktion geht o,
man moant, alle hab'm falsch ei'ka'ft,
doch man g'wöhnt se langsam dro.

Wennst des all's beobachst,
es gibt bloß no falsch Zeug,
kenna se d'Leut nimma aus,
oda hab'ms damit sogar a Freud.

Do wird umtauscht,
g'hamstad und g'fälscht,
oda goa all's z'ruck geb'm,
denn de hod se täuscht.

Man ko's koan mehr Recht macha,
weil soviel Mensch'n unzufried'n,
des is bestimmt da Wohlstand,
der macht alles hin.

Dahoam wird na no g'stritt'n,
üba des falsche Zeug,
üba's Umtausch'n,
des macht a koa Freud.

Bis endlich all's g'richt is,
de Umtauscherei,
wer woaß ob's dann recht is,
s'Beste war, man ka'fat nix ei.

SCHÖNE BÜCHER ZU WEIHNACHTEN

Pius Detterbeck
Staade Zeit
Mundartgedichte und Geschichten zur Weihnachtszeit
1. Auflage 2022
112 Seiten, Format 13,5 x 20,5 cm
s/w bebildert, Hardcover
ISBN 978-3-95587-812-2
Preis: 16,90 €

Pius Detterbeck
Weihnacht
Mundartgedichte und Geschichten
1. Auflage 2019
112 Seiten, Format 13,5 x 20,5 cm
s/w bebildert, Hardcover
ISBN 978-3-86646-765-5
Preis: 14,90 €

Toni Lauerer
A scheene Bescherung
Neue Geschichten zur Weihnachtszeit
1. Auflage 2019
160 Seiten
Format 13,5 x 20,5 cm, Hardcover
ISBN 978-3-86646-328-8
Preis: 14,90 €

Klaus Kiermeier (Hrsg.)
Und scho is wieder Weihnachten
Bayerische Geschichten zum Schmunzeln
1. Auflage 2020
160 Seiten, Format 14,5 x 21,5 cm
Klappenbroschur
ISBN 978-3-89251-485-5
Preis: 12,90 €

Alfons Schweiggert
Weihnachten mit Karl Valentin
3. Auflage 2023
128 Seiten, Format 13,5 x 20,5 cm
s/w bebildert, Hardcover
ISBN 978-3-89251-544-9
Preis: 16,90 €

Alfons Schweiggert
Weihnachten mit Sisi
Die Weihnachtserlebnisse der Kaiserin Elisabeth
1. Auflage 2023
160 Seiten, Format 13,5 x 20,5 cm
s/w bebildert, Hardcover
ISBN 978-3-89251-542-5
Preis: 19,90 €